Josef W. Seifert

Moderation
&
Kommunikation

Josef W. Seifert

Moderation & Kommunikation

3. Auflage

Die Deutsche Bibliothek – CIP-Einheitsaufnahme

Seifert, Josef W.:
Moderation & Kommunikation / Josef W. Seifert -
3., veränderte Aufl. - Offenbach : GABAL, 2000
   2. Aufl. u. d. T.: Seifert, Josef W.: Gruppenprozesse steuern
   ISBN 3-89749-003-X

Titel-Illustration: Peter Kaste, Erlangen
Cover: image team, Bremen
Illustrationen: Peter Kaste, Erlangen
Satz und Layout: Josef W. Seifert, Pörnbach/Puch
Herstellung: rgg Druck- und Verlagshaus, Braunschweig

Verlagsinformationen:
Jünger Service, Schumannstraße 161, 63069 Offenbach
Tel.: 0 69 / 84 00 03-13 (-0)   Fax: 0 69 / 84 00 03-33

Inhalt

Zum Buch

Gruppengespräche bedürfen in aller Regel der Leitung, der Moderation. Der Leiter / Moderator des Gespräches ist dabei Spezialist für Methodik und Prozeßsteuerung. Seine Aufgabe ist es, das Miteinander in der Gruppe zu steuern, das heißt, der Gruppe zu helfen, arbeitsfähig zu werden und zu bleiben. Dies kann er dadurch erreichen, daß er einerseits in der Sache methodisch „sauber" arbeitet und andererseits den emotionalen Prozeß der Gruppe gekonnt steuert.

Erfolgreich war eine Moderation immer dann, wenn nach der Zusammenkunft alle Beteiligten mit den Ergebnissen „leben können". Gerade die Steuerung des emotionalen Gruppenprozesses leistet hierzu einen großen Beitrag. Anders ausgedrückt: Eine wenig geschickte Leitung auf der emotionalen Seite des Geschehens kann den von der Sache her durchaus verdienten Erfolg deutlich erschweren, ja sogar unmöglich machen.

In der Aus- und Weiterbildung von Moderatoren wurde ich immer wieder mit dem Wunsch konfrontiert, für diesen „feinstofflichen" Bereich des Moderierens ebenso „griffige" Methoden an die Hand zu bekommen, wie sie für die sachliche Arbeit bereits vorliegen.

Mit dem Buch „Moderation & Kommunikation" komme ich diesem Wunsch nach. Es ist eine Erweiterung der entsprechenden Teile in meinen Büchern „Visualisieren - Präsentieren - Moderieren" und „Besprechungs-Moderation". Es enthält Bekanntes und Neues. Es gibt einen kurzen Überblick zur „Technik des Moderierens" und eine strukturierte Darstellung der wesentlichen Wissensinhalte und Techniken zur Steuerung von Gruppenprozessen auf der emotionalen Ebene.

Ich wünsche Ihnen viel Freude bei der Lektüre und ebensoviel Erfolg für die Umsetzung der Inhalte in Ihre persönliche Praxis!

Noch ein Hinweis: In diesem Buch ist vom Moderator, Teilnehmer, Gruppenmitglied ... die Rede. Ich habe diese Schreibweise gewählt, weil sie sowohl das Schreiben als auch das Lesen sehr erleichtert. Gemeint ist natürlich jeweils „die Moderatorin / der Moderator" die „Teilnehmerin / der Teilnehmer" ...

Puch, im August 1999

Josef W. Seifert

Kommunikation und Moderation

Zwischenmenschliche Kommunikation gestaltet sich relativ einfach, wenn nur einer „das Sagen" und die Macht hat, sich durchzusetzen. Wenn es aber darauf ankommt, im Team zu arbeiten, Betroffene zu Beteiligten zu machen, das Know-how von Mitarbeitern zu aktivieren und zu nutzen ..., drohen anstrengende Gruppengespräche, Besprechungen, Sitzungen, Meetings. Anstrengend deshalb, weil es in den Gesprächen darauf ankommt, alle Beteiligten in die Meinungs- und Willensbildung einzubeziehen. Jeder muß sich einbringen können, mit-„streiten" dürfen und zu Beschlüssen gefragt werden. Und hier sind wir auch schon beim Problem: Je stärker sich der einzelne einbringt, je „hitziger" die Diskussion wird, desto weniger ist er in der Lage, Interessen abzuwägen, (sich) zu mäßigen, (sich) zu moderieren. Ein Gruppengespräch bedarf deshalb eines Leiters, eines Moderators.

Ich habe heute eine
starkes Argument dabei

Der Moderator eines Gruppengespräches seinerseits muß das „Handwerk" der Moderation erlernt haben, das heißt, er muß Techniken zum Gestalten des Sachprozesses beherrschen und Techniken zur Gestaltung des emotionalen Gruppenprozesses zur Verfügung haben.

Wichtig ist dabei, daß diese Techniken mit dem Bewußtsein eingesetzt werden, daß eine Gruppe ein soziales System ist und nicht gesteuert werden kann, wie ein technisches System.

Doch was ist ein System und wo liegt der Unterschied zwischen einem technischen und einem sozialen System?

Systemisch Denken

❑ Das technische System

Ein technisches System besteht aus einzelnen Elementen, die zusammenwirken. Durch die Art und Weise des Zusammenwirkens erhält das System eine bestimmte Funktion. Technische Systeme kann man exakt steuern. Der Druck auf's Gaspedal eines Automobils etwa hat zur Folge, daß das Fahrzeug beschleunigt; der Druck auf's Bremspedal führt dazu, daß der Wagen seine Geschwindigkeit verringert. Die Einstellung des „Tempomat" garantiert die Fahrt mit konstanter Geschwindigkeit. Das System regelt die Geschwindigkeit selbsttätig, gemäß der jeweiligen Vorgabe. Auf den Impuls „X" folgt (mit Sicherheit) die Reaktion „Y".

❑ Das soziale System

Auch soziale Systeme bestehen aus einzelnen Elementen, die zusammenwirken.

Diese Elemente sind aber Menschen, weshalb soziale Systeme im Gegensatz zu technischen Systemen nicht (exakt) steuerbar sind; sie führen ein Eigenleben. Auf einen Impuls „X" folgt die Reaktion „Y" oder die Reaktion „Z" oder eine andere Reaktion ...

Dies soll aber nun nicht heißen, daß man eine Gruppe nicht steuern kann. Man kann sie steuern, nur eben nicht exakt, und man kann nichts „erzwingen".

> *Auch durch noch so gute Techniken*
> *kann man den Verlauf eines Gruppenprozesses*
> *nicht exakt steuern - aber ohne Techniken*
> *kann man ihn gar nicht steuern!*

Das Steuern eines Gruppenprozesses fällt dabei um so leichter, je besser „die Bühne bereitet" wurde, oder anders ausgedrückt, je besser die Vorbereitung darauf ist.

Soziale Systeme
kann man nur bedingt
steuern

Vorbereitung der Moderation

Da sich soziale Systeme nur bedingt steuern lassen, wird ein vorausschauender Moderator darauf achten, die Situation, in die er sich begibt, vorab(!) so zu gestalten, daß die Rahmenbedingungen den Erfolg seiner Arbeit fördern.

Er sollte dazu unbedingt darauf achten, daß folgende „**Erfolgsvoraussetzungen**" gegeben sind:

❒ Klarer Auftrag

Vor jeder Moderation sind einige „harte Fragen" zu klären, um sich nicht wie Don Quijote auf einen Kampf gegen Windmühlenflügel einzulassen. Handelt es sich nicht um eine Routinesitzung (für die Anlaß, Teilnehmer ... klar definiert sind), so ist zu fragen:

- Aus welchem Anlaß soll die geplante Moderation stattfinden?

- Wer will die Moderation und warum?

- Gibt es jemanden, der sie nicht will und ggf. aus welchem Grund?

- Wie lautet das Thema?

- Wurde an diesem Thema / Problem bereits gearbeitet; von wem und mit welchem Ausgang?

- Was ist die Zielsetzung; was konkret soll mit der geplanten Moderation erreicht werden?

- Ist die Zielsetzung realistisch?

Sollte sich im Rahmen der Auftragsklärung herausstellen, daß die Moderation (zu diesem Thema, zu diesem Zeitpunkt, mit dieser Zielsetzung ...) keinen Sinn ergibt, also wenig Aussicht auf eine erfolgreiche Veranstaltung besteht, sollte man von der Moderation Abstand nehmen.

Zur Bearbeitung des Themas ist ja vielleicht ein Training, ein Coaching ... die sinnvollere Vorgehensweise.

☐ Die richtigen Teilnehmer

Die Auswahl der Teilnehmer ist einer der wichtigsten Erfolgsfaktoren für ein Gruppengespräch. Nur wenn „die richtigen Leute" vollzählig versammelt sind, kann das Gruppengespräch erfolgreich werden. Der Moderator muß deshalb darauf achten, daß folgende Punkte für die Teilnehmerauswahl ausschlaggebend waren:

Die Auswahl der Teilnehmer ist einer der wichtigsten Erfolgsfaktoren für ein Gruppengespräch

- Alle Betroffenen sind in die Themenbearbeitung einbezogen.

- Es kommen alle Teilnehmer, die für eine qualifizierte Themenbearbeitung erforderlich sind, persönlich.

- Die Teilnehmer wurden über Anlaß, Thema und Zielsetzung sowie über die organisatorischen Details der Zusammenkunft vorab informiert.

- Die Teilnehmer möchten das Thema bearbeiten. Die Themenbearbeitung liegt ihnen am Herzen oder sie sind zumindest bereit, sich einzubringen.

❑ Optimale Gruppengröße

Die Teilnehmer wurden nach dem Motto: „Soviel wie nötig und sowenig wie möglich!" eingeladen. Jeder Teilnehmer mehr erschwert die Arbeit! Für eine Gruppe von 10 Personen ist in aller Regel ein Moderator ausreichend. Ab der elften Person sollte ein Co-Moderator zur Verfügung stehen.

Für den Fall der Moderation im Team ist es wichtig, daß man den Partner kennt und weiß, daß man mit ihm (gut) zusammenarbeiten kann. Es besteht sonst die Gefahr, daß der Moderator während der Moderation mehr mit seinem Partner beschäftigt ist als mit der Gruppe!

Soll eine große Gruppe von mehr als zwanzig Personen moderiert werden, so muß diese in mehrere kleinere Gruppen aufgeteilt werden. Im Plenum werden dann die Informationen darüber ausgetauscht, was die jeweilige Untergruppe erarbeitet hat. Es sind zusätzliche Moderatoren einzuplanen; als Daumenregel gilt: ein Moderator für zehn Teilnehmer.

❑ Positive Rahmenbedingungen

Wenn eine Gruppe miteinander arbeiten will, muß dieses „Miteinander-Arbeiten" auch stattfinden können, das heißt:

- Es dürfen keine Störungen und damit Ablenkungen oder gar unerwünschte Unterbrechungen vorkommen. Es muß also sichergestellt sein, daß die Gruppe ungestört arbeiten kann.

- Es müssen die benötigten Moderations- utensilien zur Verfügung stehen (vgl. Seite 32 ff).

Die Teilnehmer sollten nach dem Motto: „Soviel wie nötig und sowenig wie möglich!" eingeladen werden.

- Der gewählte Raum ist eher zu groß als zu klein. Man kann im offenen Stuhlkreis sitzen, und er bietet ggf. die Möglichkeit, zwischendurch in Kleingruppen zu arbeiten, ohne dazu den Raum verlassen zu müssen.

- Es ist für das „leibliche Wohl" gesorgt: Kaffee, Tee, Wasser ...

- Der Zeitrahmen muß realistisch gewählt sein. Achtung: In der Regel nimmt man sich zuviel vor!

Zu den genannten Voraussetzungen muß eine leistungsfähige „Technik der Gruppensteuerung" auf der sachlichen **und** der emotionalen Ebene hinzukommen.

Was es mit diesen beiden Ebenen auf sich hat, zeigt der folgende Abschnitt.

Die Gestaltung des Umfeldes sollte mit größter Sorgfalt geschehen!

Die Sache mit den zwei Ebenen

Ob in einer Moderation oder in sonstigen Lebenslagen: Immer wenn Menschen sich einander mitteilen, tun sie dies **gleichzeitig** auf zwei Ebenen.

Einerseits sagen sie etwas über die Sache, um die es gerade geht, und andererseits sagen sie **immer** auch etwas über sich und den / die anderen.

Für die Moderation von Gruppengesprächen bedeutet dies, daß der Moderator stets auf zwei Ebenen gleichzeitig agieren muß - ob ihm das nun recht ist oder nicht. Einerseits auf der „Sach- oder Inhaltsebene", wo es um die zu besprechenden Sachen oder Inhalte geht, und andererseits auf der „Gefühls- oder Beziehungsebene", wo es darum geht, wie man sich gerade fühlt und wie man die Beziehung zu dem / den anderen sieht. In der Regel läuft der sachliche Teil offen, der emotionale Teil aber „unter der Hand" ab.

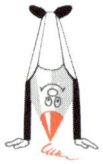

Bildlich dargestellt ist das wie bei einem Eisberg. Ein Teil ist sichtbar und der andere ist unter der Oberfläche - er ist verdeckt, aber trotzdem vorhanden. Meist wird über die verdeckte Beziehungs-Ebene nicht (offen) gesprochen.

Diese beiden Ebenen kommen dadurch zustande, daß wir, wenn wir etwas über eine Sache sagen (ES-Botschaft), gleichzeitig auch etwas über uns (ICH-Botschaft) und etwas über den / die Gesprächspartner sagen (DU-Botschaft). Die Sach- oder ES-Botschaft entsteht durch das gesprochene Wort, also das, was wir mitschreiben könnten. Die Beziehungsbotschaft (ICH- und DU-Botschaft) wird durch Gestik, Mimik, Tonfall etc. und durch die Situation erzeugt, in der etwas (so und nicht anders) gesagt wird.

Das folgende Schaubild zeigt diesen unvermeidlichen „kommunikativen Eisberg".

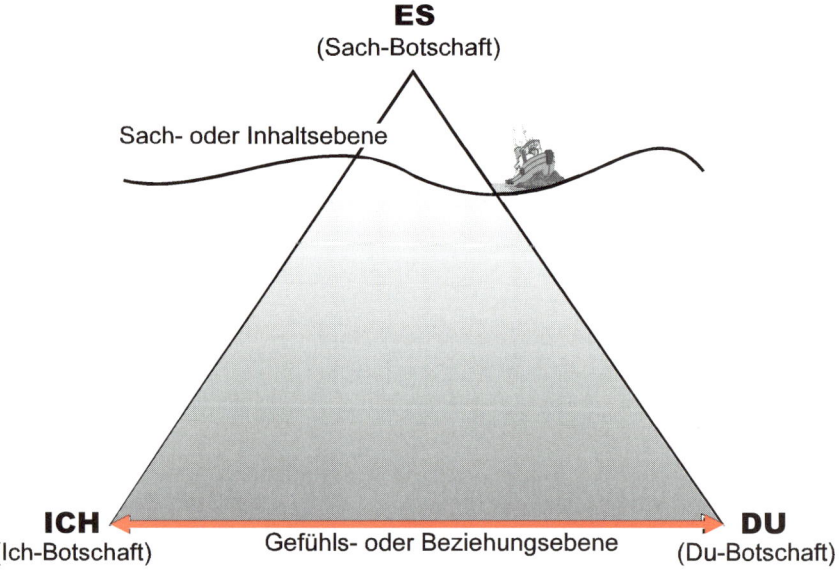

18

Der bekannte Appell: „Sachlich bleiben!" suggeriert die Möglichkeit, die emotionale Ebene abschalten / weglassen und ausschließlich auf der sachlichen Ebene kommunizieren zu können. **Dies** aber **ist unmöglich**!

Wenn der Moderator die Teilnehmer etwa mit den Worten: „Ich freue mich, daß Sie alle kommen konnten!" begrüßt, so sagt er damit ...

☐ **auf der Sachebene**:

- ES-Botschaft: *„Es ist gut, daß alle erschienen sind!"*

☐ **auf der Beziehungsebene**:

- ICH-Botschaft: *„Ich bin hier der, der die Gruppe leitet!"*

  vielleicht auch: *„Gott bin ich froh, daß heute alle kommen konnten!"*

- DU-Botschaft: *„Du bist der / Ihr seid die Teilnehmer!"*

  vielleicht auch: *„Du bist es mir wert, daß ich freundliche, offizielle Begrüßungs worte an Dich richte!"*

Schon an diesem einfachen Beispiel wird deutlich, daß die ES-Botschaft erst durch die zugehörigen Botschaften auf der Beziehungsebene gedeutet werden kann. Diese wiederum kann man nur aus der Art und Weise erschließen, wie etwas gesagt wurde, wann, wo, vor wem und zu wem, und erst alles zusammen läßt eine relativ sichere Entschlüsselung des Gesagten zu.

Wenn wir erfolgreich kommunizieren wollen - und ein Moderator ist auf erfolgreiche Kommunikation angewiesen(!) - müssen wir darauf achten, daß unsere ...

☐ ES-Botschaften **verständlich** sind!

Verständlichkeit (in der Sache) entsteht durch Einfachheit in der Sprache, gegliederte Vortragsweise, Kürze, Prägnanz und zusätzliche Stimulanz, wie z.B. Visualisierung (vgl. Schulz von Thun, 1987).

☐ ICH-Botschaften **ehrlich** sind!

Ehrlichkeit meint hier, dem Gesprächspartner nichts vorzuspielen, sondern offen und direkt zu sagen, was ich zu sagen habe (vgl. „Feedback-Technik", S. 112).

☐ DU-Botschaften **wertschätzend** sind!

Wertschätzend ist Kommunikation dann, wenn der Gesprächspartner sich sicher sein kann, daß er als Mensch angenommen und nicht mit Argwohn oder Geringschätzung konfrontiert wird.

verständlich - ehrlich - wertschätzend

*Der Moderator muß
zwei Prozesse
simultan steuern!*

Für die Moderation von Gruppengesprächen bedeutet dies,

A daß der Moderator auf seine eigenen „Botschaften" achten muß, um ein konstruktives Arbeitsklima zu erzeugen und zu erhalten, und

B daß der Moderator es in der Gruppe stets mit zwei gleichzeitig ablaufenden Prozessen zu tun hat, dem „Sachprozeß" (vgl. Seite 32 f) und dem „Gruppenprozeß" (vgl. Seite 45 f). Beide greifen ineinander und müssen vom Moderator **simultan** gesteuert werden.

Im folgenden werden die beiden Prozesse - der Sach- und der Gruppenprozeß - näher erläutert.

Zunächst aber geht es kurz um die Rolle und die Aufgaben des Moderators.

Der Moderator

Moderierte Gruppengespräche sind dadurch gekennzeichnet, daß die Gruppe durch einen Moderator geleitet wird. Dieser hat darauf zu achten, daß die Meinung aller Teilnehmer gehört und berücksichtigt wird und daß niemand die Gruppe inhaltlich dominiert. Dies gilt auch und vor allem für den Moderator selbst! Diese inhaltliche Neutralität ist ihm nur dann möglich, wenn er von der Sache, um die es geht, nicht betroffen ist. Er kann sich (nur) dann voll darauf konzentrieren, zwischen den Beiträgen der Teilnehmer zu vermitteln.

Wann aber muß ein Gespräch moderiert werden, **wann benötigt man einen Moderator?**

Ein Moderator ist immer dann erforderlich, wenn ein Gespräch mehr sein soll als reine Unterhaltung, bei der es mehr um das Gespräch als solches geht und weniger darum, konkrete Inhalte zu erarbeiten. Bei zielorientierten Gesprächen, wie etwa Problemlöseprozessen, ist ein Moderator als Prozeßgestalter erforderlich, zumindest aber äußerst hilfreich.

Besonders wichtig ist der Einsatz eines „neutralen Dritten" in folgenden Fällen:

☐ Jeder der Beteiligten soll / muß sich uneingeschränkt auf die inhaltliche Diskussion konzentrieren können.

☐ Das zu bearbeitende Thema ist zu „heiß" oder / und jeder der Beteiligten ist emotional stark involviert.

☐ Es bestehen bereits „Fronten", die Bearbeitung des Themas ist „festgefahren".

So einleuchtend es auf der einen Seite ist, daß für die genannten Fälle ein Moderator unverzichtbar ist, so klar ist auf der anderen Seite, daß in der Praxis nicht für jedes Team-Meeting ein Moderator engagiert werden kann. Dann ist es Sache des Einladenden, des Projektleiters oder Vorgesetzten, das Gespräch zu leiten. Aber wo bleibt dann die Neutralität?

Der inhaltlich beteiligte Moderator

Die meisten Gruppengespräche finden nicht als Visions,- Strategie-, Teamentwicklungs- oder Problemlöse-Workshop mit neutralem Moderator statt, sondern als Routinesitzung einer Arbeits- oder Projektgruppe. Und in diesen Fällen wird die Moderation meist von einem Gesprächsteilnehmer übernommen, der auch inhaltlich eigene Interessen zu vertreten hat. Er ist Partei **und** Moderator zugleich.

Dieser Spagat kann nur gelingen, wenn man sich als Moderator dieser Doppelrolle bewußt ist und ihr Rechnung trägt.

Manchmal fällt es etwas schwerer neutral zu sein

Obwohl man als inhaltlich beteiligter Moderator nicht neutral sein **kann**, gibt es Techniken, die helfen, beiden Herren gleichermaßen zu dienen, sich selbst **und** der Gruppe. Hierzu gehören:

❏ Das „**Dienstkleidungs-Prinzip**"

Dienstkleidung hat den Sinn, dem Betrachter auf einen Blick klarzumachen, daß der Träger dieser Kleidung eine bestimmte Funktion wahrnimmt. Er ist Schaffner, Koch, Arzt ... oder Polizist. Trägt dieselbe Person diese Kleidung nicht, ist klar, daß sie jetzt Privatperson ist.

Ähnlich ist es mit Standorten: Tritt eine Person zum Pult, wird sie zum Redner, verläßt sie es wieder, fällt diese Rolle von ihr ab. Sie wird zum Zuhörer des nächsten Redners ...

Dieses Prinzip läßt sich auch für die Moderation nutzen. Der inhaltlich beteiligte Moderator macht kontinuierlich deutlich, in welcher Rolle er gerade agiert.

Durch Kleidung oder Standort läßt sich die momentane Rolle deutlich machen

So kann er beispielsweise immer dann, wenn er als „neutraler" Moderator tätig ist, stehen und immer, wenn er seine Interessen als Gruppenmitglied vertritt, sitzen. Denkbar sind auch zwei Stühle oder zwei Standorte: linke Seite, rechte Seite.

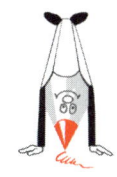

Zusätzlich (oder alternativ) kann der Moderator auch verbal zu erkennen geben, „welchen Hut er gerade auf hat". So kann er als Moderator etwa sagen: „Ich schreib' jetzt mal unsere Statements auf, wenn Sie bitte beginnen, Herr Meier!" und als Gruppenmitglied „Also für mich als ... sieht die Sache so aus, daß ...". Wichtig ist dabei, daß der Moderator seine Statements jeweils nicht als erster abgibt, da dies seine Sonderrolle noch verstärken würde.

☐ Das „**Prinzip der Schriftlichkeit**"

Die MODERATIOnsMETHODE sieht vor, daß der Arbeitsprozeß und alle wesentlichen Gesprächsinhalte mitvisualisiert werden. Der inhaltlich beteiligte Modertor kann dies nutzen, indem er bei einer Kartenabfrage ebenfalls Karten schreibt oder bei der Sammlung von Problemursachen auch die Punkte notiert, die ihm einfallen, bei einer Punkteabfrage auch einen Punkt klebt ... Dadurch ist seine Nennung jeweils eine von mehreren, nicht weniger und nicht mehr.

☐ Das „**Prinzip der Fragehaltung**"

Moderieren kann man nicht aus einer Sagehaltung, sondern nur aus einer Fragehaltung heraus! Wer einen Standpunkt vertritt, tut sich schwer damit, anderen Meinungen gegenüber offen zu sein. Wer hingegen fragt, kann die Meinung des / der anderen erfahren und ver-

stehen. Dies gilt grundsätzlich und in besonderem Maße für den inhaltlich beteiligten Moderator (vgl. „Fragetechnik" Seite 88 f.).

❑ Das „**Prinzip der Goldwaage**"

Im allgemeinen sollte man nicht jedes Wort auf die Goldwaage legen, aber: für einen Moderator ist das anders; zumindest was seine eigenen Aussagen betrifft!

Der Moderator darf sich - getreu dem Motto: „Wer im Glashaus sitzt, sollte nicht mit Steinen werfen!" - grundsätzlich keine rhetorischen Fehltritte leisten. Dies gilt sowohl für den neutralen Dritten als auch für den inhaltlich beteiligten Moderator. Da er auf ein konstruktives Arbeitsklima bedacht sein muß, sollte er selbst Vorbild sein und „jedes" Wort auf die Goldwaage legen.

Dies bedeutet auch, daß er bei **Mißverständnisse**n nicht den Teilnehmern die Schuld zuweist („Da haben Sie mich falsch verstanden!"), sondern die Schuld auf sich nimmt und seine Aussage präzisiert („Entschuldigung, da habe ich mich offensichtlich mißverständlich ausgedrückt. Ich wollte sagen ...").

Möglichst vermeiden sollte der Moderator alle **Vergleiche** und **Wertungen**, die sich auf Teilnehmer oder deren Beiträge beziehen. Eine Bemerkung, wie: „Das ist ein guter Vorschlag!"

wertet alle davor gemachten Vorschläge als „nicht gut". Ganz unnötig werden so einerseits Gewinner und andererseits Verlierer erzeugt.

Mit Vorsicht zu genießen sind daneben auch **Suggestivfragen** nach dem Strickmuster: „Aber sind Sie nicht auch der Meinung, daß es vernünftiger wäre, wenn wir jetzt ...?". Suggestivfragen, sind Mittel der Manipulation und signalisieren, daß man die Meinung des anderen nicht sonderlich wertschätzt.

Die Liste ließe sich beliebig verlängern. Aber im Kern geht es einfach darum, darauf zu achten, wertschätzend und zuvorkommend gegenüber allen Teilnehmern zu sein. Besonders als inhaltlich beteiligter Moderator wird einem sonst schnell Überheblichkeit vorgeworfen und die Gruppe wendet sich gegen den Moderator.

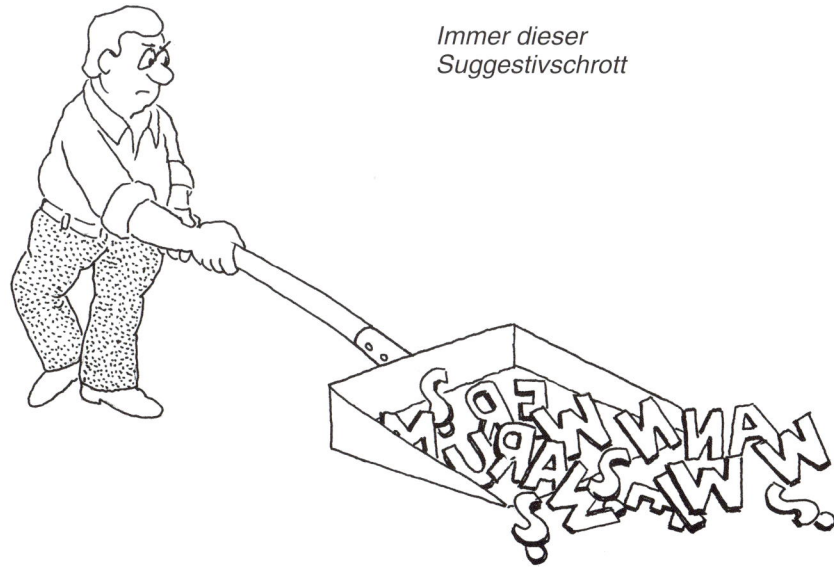

*Immer dieser
Suggestivschrott*

All das Gesagte gilt, wenn **die ganze Gruppe** gefragt ist und die Anwesenden **Entscheider in eigener Sache** sind. Der Moderator ist „neutraler Dritter" oder "Primus inter Pares" mit der beschriebenen Doppelrolle.

Besonders schwierig ist die Aufgabe des Moderierens dann, wenn der Moderator auch der disziplinarische Vorgesetzte der Teilnehmer ist. Hier gilt in besonderem Maße der Grundsatz:

So viel Beschränkung auf Moderation und so wenig inhaltliche Stellungnahme wie möglich!

Grundsätzlich gilt ...

Solange der Moderator dem zu bearbeitenden Thema inhaltlich einigermaßen „leidenschaftslos" gegenübersteht, ist es (unter Nutzung der genannten Prinzipien) möglich, die eigenen Gedanken einzubringen und zu moderieren. Je stärker der Moderator inhaltlich betroffen ist, desto weniger ist es ihm möglich, neutral zu sein.

Das Einnehmen einer Doppelrolle wird nicht immer gern gesehen

Neutral sein bedeutet nämlich:

☐ bewußt nicht Partei zu ergreifen,

☐ keine der geäußerten Meinungen
zu seiner zu machen,

☐ alle Nennungen und alle Personen
gleichermaßen gelten zu lassen.

☐ Teilnehmerbeiträge werden weder
kommentiert noch bewertet,

☐ keiner hat recht oder unrecht,

☐ keine Nennung ist
(aus Sicht des Moderators)
richtig oder falsch, schlecht oder gut.

Bleibt zu fragen, wie sich der neutrale Moderator verhält, wenn er aus seiner Kenntnis der Thematik heraus merkt (oder zu merken glaubt), daß die Gruppe
sich „auf dem Holzweg" befindet. Da er ausschließlich der Prozeßgestalter ist und inhaltlich keine Meinung zu haben hat, darf er sich ja nicht einbringen
oder doch?

Als Neutraler Inhalte einbringen

Da man sich als Moderator immer in die Inhalte hin-
eindenken können muß, um die es in der jeweiligen
Gruppensitzung / im jeweiligen Workshop geht, und
man sich beim Steuern des Gruppenprozesses immer auch an der inhaltlichen Logik des Geschehens
orientieren muß, kann man sich dem Produzieren eigener Gedanken zum Thema nicht entziehen. Nach
der „reinen Lehre" darf man diese aber nicht äußern!

Aber darf der Moderator dies auch dann nicht, wenn er den Eindruck hat, daß er eine „Superidee" hat oder den, daß die Gruppe sich da „in etwas verrennt" ...?

Der neutrale Moderator darf Inhalte einbringen, ja er ist geradezu dazu verpflichtet! Dies muß aber von der Form her so passieren, daß er seinen neutralen Status nicht verliert. Dazu gilt:

☐ Ein inhaltlicher Beitrag ist die ganz große **Ausnahme**!

Der Moderator bringt sich inhaltlich nur dann ein, wenn er den Eindruck hat, daß inhaltliche Zurückhaltung seinerseits zum Schaden der Gruppe wäre.
Er muß dabei stets bedenken, daß er sich hier auf einem schmalen Grat zwischen Hilfestellung und Einmischung befindet ...

☐ Ein inhaltlicher Beitrag ist grundsätzlich als **Frage** formuliert! Der Moderator macht lediglich inhaltliche Angebote: *„Mir fällt auf, daß ..."* *„Könnte es sein, daß ...?"*

Wird der Beitrag / Hinweis nicht angenommen, darf er ihn keinesfalls verteidigen, sondern muß diesen sofort fallen lassen: „Heiße Kartoffel-Technik"!

Andernfalls begibt er sich in die Rolle eines Teilnehmers und verliert den Status des Moderators. Die Gefahr ist groß, daß er den Überblick verliert und in der Folge werden vermutlich nicht mehr nur seine inhaltlichen Statements diskutiert, sondern auch seine methodischen Vorschläge ...

Genau dies kann er nicht gebrauchen. Die Methoden, die der Moderator für die Arbeit mit den Teilnehmern einsetzt, hat er speziell für die jeweilige Moderation gemäß deren Zielsetzung vorgedacht. Vor jedem Moderationsschritt erklärt er der Gruppe sein methodisches Vorgehen und holt dafür deren Einverständnis ein. Er leitet die einzelnen Arbeitsschritte durch präzise formulierte und visualisierte Fragen ein und führt die Gruppe auch im weiteren Verlauf der Arbeit (vor allem) durch Fragen. Fragen, die von den Teilnehmern an ihn gestellt werden und sich nicht auf das methodische Vorgehen, sondern auf Inhalte beziehen, gibt er unmittelbar an die Gruppe weiter, denn es gilt nach wie vor:

> *Der Moderator ist Experte für den Prozeß,*
> *nicht für den Inhalt!*

Dies soll wie gesagt nicht heißen, daß der Moderator inhaltlich ahnungslos sein sollte - ganz im Gegenteil. Der Moderator **muß** inhaltlich mitdenken können. Ist er nicht vom Fach, muß er sich vorab „schlau machen", um in der Gruppensitzung die Beiträge der Teilnehmer inhaltlich einordnen zu können. Nur so kann er den Arbeitsprozeß zielorientiert steuern.

Dazu mehr auf den nächsten Seiten.

Ich möchte mich ja ganz bestimmt nicht in Ihre Inhalte einmischen, ...

Der Sachprozeß

Die Basis jeglicher Gruppensteuerung ist strukturiertes Vorgehen. Der Moderator kann sich hierzu sehr gut am **„Moderationszyklus"** als Grobstruktur für seine Arbeit orientieren. Er leistet damit „automatisch" auch einen wertvollen Beitrag zur emotionalen Steuerung der Gruppe.

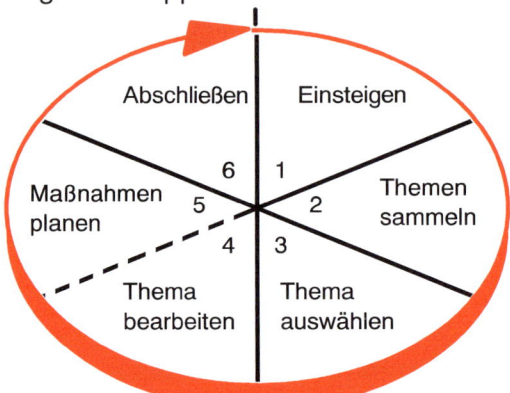

Beim Arbeiten mit dem Moderationszyklus ist es wichtig, daß der Moderator sein Vorgehen transparent macht: Er sollte beispielsweise den Moderationszyklus ans Flipchart zeichnen und zu Beginn der gemeinsamen Arbeit das Vorgehen kurz erläutern und dann in der Moderation konsequent danach verfahren.

Wir hatten vereinbart, nach dem Moderationszyklus zu arbeiten!

Die Sachaufgaben des Moderators

Die Sachaufgaben des Moderators lassen sich gut anhand der Phasen des Moderationszyklus' darstellen. Folgende Abbildung gibt einen Überblick über die Arbeits-Phasen, die zugehörigen Teilschritte und die jeweiligen Sachaufgaben des Moderators.

Während die Phasen „Einsteigen", „Sammeln" und „Auswählen" nur einmal stattfinden, werden die Phasen „Bearbeiten" und „Planen" für jeden **T**ages**O**rd-nungs**P**unkt (**TOP**) separat durchgeführt. Das Abschließen gilt wieder der gesamten Moderation.

Phase		Teilschritt	Aufgaben des Moderators
1	**Einsteigen**	Begrüßung	Die Sitzung eröffnen/ Konstruktive Arbeitsatmosphäre schaffen
		Orientierung	Orientierung geben
2	**Sammeln**		Klären, an welchen Themen gearbeitet werden soll / muß
3	**Auswählen**		Klären, in welcher Reihenfolge die Themen bearbeitet werden sollen
4	**Bearbeiten** TOP 1	Ziel-vereinbarung	Zielsetzung für TOP 1 festlegen / abstimmen
		Sichten	Klären, welche Aspekte zur Bearbeitung des TOP 1 bedacht werden müssen
		Klären	Thema der Zielsetzung gemäß bearbeiten
5	**Planen**		Festlegen, wer, was, bis wann tun wird
	Bearbeiten und Planen für die weiteren TOPs		
6	**Abschließen**	Reflexion	Klären, wie zufrieden die Teilnehmer mit dem Erreichten sind
		Verabschiedung	Positiv abschließen

Die Medien und Hilfsmittel zur Sacharbeit

Die klassischen Medien zur Moderation von Gruppengesprächen sind Flipchart und Pinwand. Daneben kommt auch mal ein Overhead-Projektor zum Einsatz. Die Hilfsmittel sind in einem Moderatorenkoffer untergebracht. Hier eine kurze Beschreibung:

❑ Die Pinwand

Die Pinwand ist **das** Medium zur Gestaltung von Meinungs- und Willensbildungsprozessen in Gruppen. Mit Packpapier bespannt, bietet sie großzügig die Möglichkeit zur Visualisierung, und durch die weiche Pinfläche kann die Gruppe zusätzlich auch mit Karten arbeiten.

Die „Normalversion" ist leicht transportierbar und kann frei im Raum plaziert werden. Die „Wandversion" wird fest an die Wand geschraubt und die „Reiseversion" kann zusammengeklappt und im Auto zur externen Moderation mitgenommen werden.

❑ Das Flipchart

Das Flipchart ist von der Visualisierungsfläche her eine „kleine Pinwand" und wird beim Einsatz eines Adhesivklebers zur „Quasi-Pinwand". Diese Kombination eignet sich besonders zum Arbeiten in kleinen Gruppen „am runden Tisch" und überall dort, wo aus Platz- oder sonstigen Gründen eine Pinwand nicht paßt.

Flipchart und zugehöriges Flipchart-Papier gibt es in (fast) jedem Besprechungsraum. Es gehört (auch in Zeiten von Notebook und Beamer) zur Standardausrüstung.

☐ Der Overhead-Projektor

Der Overhead- oder Tageslichtprojektor ist ein in der „klassischen" Moderation eher weniger gebräuchliches Instrument. Zur Präsentation von komplexen Graphiken ist er allerdings unverzichtbar. Der Nachteil ist jedoch eindeutig der, daß man immer nur eine Darstellung sichtbar machen (und halten) kann.

☐ Die Hilfsmittel

Die Hilfsmittel sind in der Regel in einem Hilfsmittelkoffer, dem sogenannten „Moderatorenkoffer" untergebracht. Zu den Hilfsmitteln gehören vor allem: Filzstifte, Moderationskarten, Nadeln, Klebepunkte, Klebestifte, eine Schere sowie eine Rolle Klebeband.

Die beschriebenen Medien und Hilfsmittel sind auf den Seiten 36 und 37 dargestellt.

Pinwand

Moderatorenkoffer

Flipchart

Overhead-Projektor

Die Methoden zur Sacharbeit - ein Überblick

Zur strukturierten Sacharbeit muß der Moderator in den einzelnen Arbeitsphasen unbedingt Visualisierungsmethoden nutzen. Nur durch systematische Visualisierung dessen, was momentan zu tun ist, kann er die Aufmerksamkeit der Teilnehmer auf den Punkt bündeln, um den es jeweils geht. Auf den folgenden Seiten finden Sie einen Überblick über die wichtigsten **Visualisierungsmethoden**.

Die Methoden zur Strukturierung des sachlichen Gruppenprozesses finden Sie über den in diesem Rahmen möglichen Überblick hinaus ausführlich dargestellt in: Josef W. Seifert „Visualisieren - Präsentieren - Moderieren" und in: Josef W. Seifert, „Besprechungs-Moderation" (vgl. Literaturverzeichnis, Seite 123).

Was könnten wir nur für eine Methode nehmen?

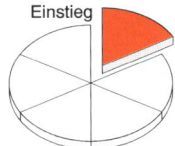

Einstieg

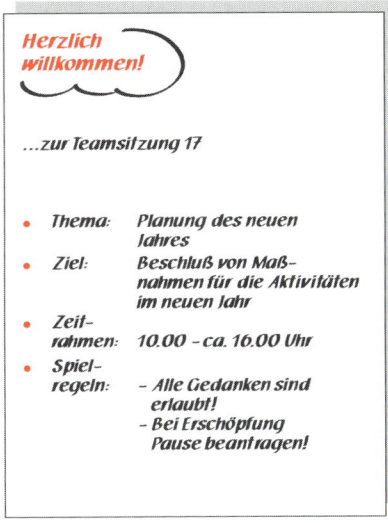

Herzlich willkommen!

...zur Teamsitzung 17

- *Thema:* Planung des neuen Jahres
- *Ziel:* Beschluß von Maß-nahmen für die Aktivitäten im neuen Jahr
- *Zeit-rahmen:* 10.00 – ca. 16.00 Uhr
- *Spiel-regeln:* – Alle Gedanken sind erlaubt!
  – Bei Erschöpfung Pause beantragen!

Eröffnungs-Flip

Einstieg

Zur Gestaltung des Einstiegs wird der Moderator zur Begrüßung und Orientierung der Teilnehmer ein(ige) „Orientierungs-Flipchart(s)" vorbereiten. Diese ent-halten Informationen über:

- ☐ Anlaß für die Zusammenkunft
- ☐ Thema der Moderation
- ☐ Angestrebte(s) Ziele(e)
- ☐ Zeitplan
- ☐ Ggf. Regeln

In aller Regel wird es sinnvoll sein, schon an dieser Stelle zusätzlich ein (verbales oder visuelles) Blitz-licht durchzuführen, um die Teilnehmer auch emotio-nal „abzuholen" und zum Thema der Veranstaltung hinzuführen (vgl. „Blitzlicht-Technik", Seite 101 f).
Kennen sich die Teilnehmer noch nicht, sollte gleich zu Beginn ein Kennenlernen stattfinden; zumindest in Form einer kurzen Vorstellungsrunde.

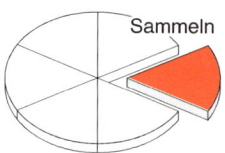

Abfrage auf Zuruf

Sammeln

Der Moderator stellt der Gruppe die visualisierte Frage, welche Themen in dieser Sitzung bearbeitet werden sollen. Die von den Teilnehmern genannten Punkte listet er unter der Frage auf, so daß eine Liste der Themenwünsche entsteht. Die Sammlung erfolgt „auf Zuruf".

Alternativ ist es möglich, die Teilnehmer zu bitten, die Antworten auf Karten schreiben zu lassen, und diese dann gemeinsam an einer Pinwand oder einem Flipchart zu Themenschwerpunkten zu sortieren („Karten-Abfrage"). Wichtig ist bei dieser Vorgehensweise, daß die Nennungen (um)sortiert werden können. An der Pinwand werden die Karten dazu mit Pinnadeln befestigt, am Flipchart mit Adhesive-Kleber.

Wichtig ist, daß **alle** Themen gesammelt werden, die aus Sicht der Teilnehmer bearbeitet werden sollen.

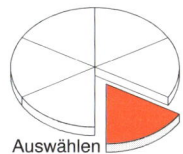

Auswählen

Punkten

Auswählen

Der Moderator stellt der Gruppe eine Auswahlfrage; beispielsweise die, welche Themen aus Sicht der Gruppe vorrangig zu behandeln sind (vgl. „Musterfragen", Seite 90). Er bittet die Teilnehmer dann, diese Frage zu beantworten. Er gibt dazu jedem Gruppenmitglied Klebepunkte und fordert sie dann auf, die Punkte entsprechend den persönlichen Prioritäten an die Liste zu kleben.

Dabei erhält jeder halb soviele Punkte, wie Themen gesammelt wurden (im oben gezeigten Beispiel also 3 Stück) und darf dann maximal zwei Punkte je Thema kleben. So entsteht eine Rangreihe zur Themenbearbeitung.

Wichtig ist hierbei, deutlich zu machen, daß es in diesem Schritt nicht darum geht zu entscheiden, welche Themen bearbeitet werden und welche nicht, sondern lediglich darum festzulegen, in welcher Reihenfolge die Themen bearbeitet werden sollen.

 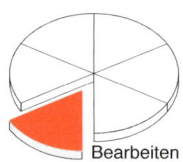

Bearbeiten

Bürobesetzung	
Problem	**Lösungsidee**
Büro nicht durch-gängig besetzt	Zusätzliche Kraft einstellen
	Entsprechende Ansage auf Anrufbeantworter
Kapazität gering:	Extern schreiben Lassen
	Zusätzliche Kraft Einstellen
Engpaß bei Urlaub oder Krankheit einer Person	Aushilfskraft einarbeiten
	Zusätzliche Kraft Einstellen
	Telefondienst nutzen

Zwei-Felder-Tafel

Bearbeiten

Zum Bearbeiten der gesammelten Themen wird der Moderator geeignete Methoden einsetzen. In der Regel reicht eine „Zwei-Felder-Tafel" zur Themenbearbeitung aus.

Die Zwei-Felder-Tafel wird zeilenweise ausgefüllt. Die Gruppe kann damit auch in kleinen Untergruppen simultan arbeiten. So können gegebenenfalls mehrere Themen gleichzeitig bearbeitet werden.

Wenn in Kleingruppen gearbeitet wird, erstellt jede Gruppe eine „Zwei-Felder-Tafel" und präsentiert anschließend ihr Ergebnis im Plenum.

Wichtig ist, daß der Moderator darauf achtet, daß in diesem Arbeitschritt zunächst für konkrete Problemstellungen Lösungs**ideen** entwickelt werden. Die „Zensur" findet danach statt, wenn es darum geht, konkrete Maßnahmen zu planen.

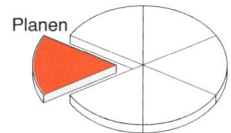

Planen

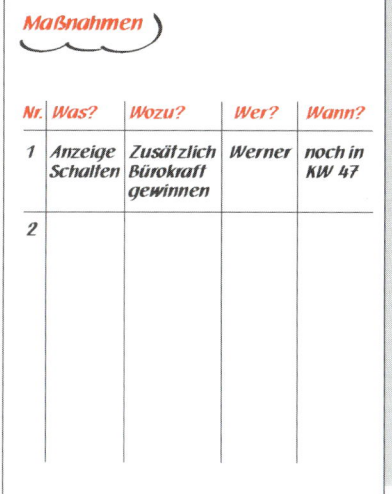

Nr.	Was?	Wozu?	Wer?	Wann?
1	Anzeige Schalten	Zusätzlich Bürokraft gewinnen	Werner	noch in KW 47
2				

Maßnahmenplan

Maßnahmen planen

Der letzte inhaltliche Arbeitsschritt ist das Planen von Maßnahmen. Das Wichtigste ist hierbei, daß die Maßnahmen inhaltlich und zeitlich **so konkret wie möglich** formuliert werden. Dadurch ergeben sich folgende Vorteile:

☐ Es werden Mißverständnisse vermieden.

☐ Derjenige, der eine Aufgabe übernommen hat, weiß exakt, was er zu tun hat.

☐ Die Gruppe weiß auch nach Tagen oder Wochen noch, was mit der entsprechenden Maßnahme gemeint war.

☐ Es ist jederzeit ein Maßnahmen-Check möglich.

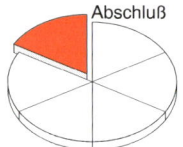

Abschluß

Blitzlicht

Abschließen

Zum Schluß der gemeinsamen Arbeit ist es in aller Regel sinnvoll, zurückzuschauen und die gemeinsame Arbeit zu bewerten. Dies gibt jedem Teilnehmer Gelegenheit, für sich ein Fazit zu ziehen und die anderen darüber zu informieren, „wo er jetzt steht". Die Gruppe erhält darüber hinaus gegebenenfalls Anregungen für die folgende/n Sitzung/en.

Der Moderator führt hierzu ein „Abschluß-Blitzlicht" durch. Zu diesem Zweck bittet er die Teilnehmer um die Beantwortung einer Frage durch das Kleben eines Klebepunktes (vgl. „Blitzlicht-Technik", Seite 101 f).

Jeder Teilnehmer sollte danach Gelegenheit erhalten, seinen Punkt kurz zu kommentieren. Gegebenenfalls werden die Nennungen mitvisualisiert.

Der Gruppenprozeß

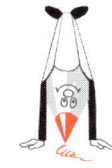

Das emotionale Gruppengeschehen ist in einer moderierten Gruppe nicht die Hauptsache, aber die wichtigste Nebensache! Das Gelingen des emotionalen Prozesses ist eine Conditio sine qua non für den Erfolg der gemeinsamen Arbeit.

Der Moderator ist also stets doppelt gefordert. Zu den bereits dargestellten „Sach-Phasen" (Einsteigen, Sammeln, Auswählen, Bearbeiten, Planen und Abschließen) kommen die „Gruppen-Phasen":

- ☐ Orientieren (und Strukturieren)
- ☐ Arbeiten
- ☐ Abschließen

Ziel des Moderators muß es sein, daß die Gruppe nach dem Beginn der Veranstaltung möglichst bald auch emotional ihre volle Arbeitsfähigkeit erreicht und sich diese so lang wie möglich erhält. Nachstehende Abbildung zeigt idealtypisch das Zusammenspiel der Phasen auf der Sachebene (Sachprozeß) und der Beziehungs- oder Gefühlsebene (Gruppenprozeß), das der Moderator anstreben sollte.

Sach-Phasen

Einstieg	Sammeln	Auswählen	Bearbeiten	Planen	Abschluß
Orientieren	**Arbeiten**				**Abschließen**

Gruppen-Phasen

Jede Phase des Gruppenprozesses hat Charakteristika, aus denen heraus sich spezifische Aufgaben für den Moderator ergeben. Untenstehende Tabelle zeigt diesen Zusammenhang im Überblick.

Die erste Phase ist der Orientierung und Strukturierung gewidmet!

	Orientierung und Strukturierung	**Volle Arbeitsfähigkeit**	**Abschluß**
Charakteristika der Gruppenphase	Orientierung brauchen - Wie läuft das hier ab?	Arbeitslust	Wunsch, „keine offenen Enden" zu hinterlassen
	Nähe suchen und Distanz bewahren wollen	Gegenseitige Akzeptanz	Letzte Fragen zur Umsetzung der Beschlüsse
	Anleitung brauchen und Unabhängigkeit bewahren wollen	Relative Offenheit	Bewertung der geleisteten Arbeit
	Seinen Platz finden wollen: Wer ist „stärker", wer ist „schwächer" als ich?	Konflikte werden leicht bewältigt	Abschluß- / Abschiedsstimmung
Aufgaben des Moderators	Alles formal Klärbare klären	Konsequente Nutzung der Moderationstechnik	Der Gruppe zu einem sachlich „sauberen" Abschluß verhelfen
	Den Teilnehmern (zumindest verbalen) Kontakt ermöglichen	Alle einbeziehen	Den Teilnehmern helfen, auch emotional abzuschließen
	Teilnehmern helfen, ihre Bedürfnisse zu äußern - auch kritisch	Störungen bearbeiten	Die Moderation positiv abschließen

Phase 1: „Orientieren"

Um in einer Gruppe erfolgreich kommunizieren zu können, muß man sich dort sicher fühlen, das heißt, man muß sich sicher sein können, daß man mit seinem Verhalten nicht „aneckt". Man muß seinen Platz in der Gruppe gefunden haben.

Dazu muß man wissen, was man in dieser Gruppe darf und was man unterlassen sollte, was paßt und was unpassend ist. Darüber hinaus ist es günstig, die einzelnen Gruppenmitglieder mit ihren Stärken und Schwächen zu kennen und zu wissen, worauf der einzelne eventuell „allergisch reagiert". Zumindest eine grobe „Einschätzung des Gegenübers" sollte möglich sein.

Letztlich geht es darum, ein Gefühl dafür zu bekommen, wer in der Gruppe etwas zu sagen haben wird und wer (eher) nicht; also darum, wie die (vorläufige) „Hackordnung" aussehen wird.

All das kann man in einer (neuen) Gruppe zunächst nicht wissen. Deshalb ist jeder Teilnehmer zu Beginn der gemeinsamen Arbeit - zusätzlich zur Orientierung in der Sache (vgl. Seite 39) - damit beschäftigt, diese Fragen für sich zu klären.

Die Teilnehmer brauchen immer erst Orientierung!

Diese Orientierung und Strukturierung, die „automatisch" abläuft, kann weder verhindert noch übersprungen werden, sie kann lediglich gestaltet werden. Sie bindet Aufmerksamkeit und Energien und behindert die Gruppe in der Erledigung ihrer eigentlichen Aufgabe, dem Bearbeiten der Sachthemen.

Der Moderator sollte diese Phase unbedingt aktiv (mit-)gestalten, um der Gruppe möglichst schnell zur (vollen) Arbeitsfähigkeit zu verhelfen.

Der Einsatz folgender „Techniken" erleichtert der Gruppe die Orientierung:

- ☐ Den „Anfang vor dem Anfang" nutzen.
- ☐ Alles formal Klärbare klären.
- ☐ Positives Arbeitsklima schaffen.
- ☐ Kontakt zwischen den Teilnehmern herstellen.
- ☐ Die Teilnehmer abholen, wo sie stehen.

Was für den Einstieg paßt, muß der Moderator vorab entscheiden!

„Techniken" zur Gestaltung der Orientierung

☐ **Den „Anfang vor dem Anfang" nutzen.**

Die Teilnehmer an einer moderierten Veranstaltung treffen in aller Regel nicht gleichzeitig
ein. Dies ist für den Moderator die beste Gelegenheit - schon vor der Veranstaltung - mit
dem einzelnen Teilnehmer Tuchfühlung auf-
zunehmen und mit den jeweils schon Anwesenden ins Gespräch zu kommen. Eine Tasse
„Begrüßungskaffee" lockert die Situation zusätzlich auf.

Ziel ist es dabei, sich zu „beschnuppern", Kontakt zu bekommen, Fremdheit ab- und
Vertrautheit aufzubauen und damit den Boden
für das gemeinsame Arbeiten zu bereiten.

☐ **Alles formal Klärbare klären.**

Der Moderator sollte keine Gelegenheit ver-
säumen, Transparenz und damit Orientierung
zu schaffen. Am Anfang der Veranstaltung
kann er dazu folgende Punkte abklären:

- den Zeitplan
- die Themen
- die Zielsetzung
- die Vorgehensweise

☐ **Positives Arbeitsklima schaffen.**

Ein positives, konstruktives Arbeitsklima ist für
den Moderator (mindestens) „die halbe Miete".
Er kann (und muß!) zu dessen Entstehung ent-
scheidend beitragen. Neben den beiden oben
bereits genannten Punkten kann er dazu
beispielsweise ...

... Blickkontakt zu allen Teilnehmern aufnehmen und halten,

... die Teilnehmer immer wieder mit Namen ansprechen,

... bewußt aktiv zuhören,

... auf Wünsche und Vorschläge der Teilnehmer soweit irgend möglich eingehen,

... die Einstiegsphase zügig gestalten, dabei aber ruhig und ohne Hektik arbeiten.

❏ **Kontakt zwischen den Teilnehmern herstellen.**

Der einzelne kann in der Gruppe nur Orientierung gewinnen, wenn er die Gelegenheit hat, mit den anderen Gruppenteilnehmern in Kontakt zu treten. Diesen Kontakt sollte der Moderator bewußt ermöglichen! Dies ist um so wichtiger, je weniger sich die Teilnehmer kenen.

Der Moderator sollte den Kontakt bewußt herstellen!

Das Kennenlernen sollte auf keinen Fall unter-
schätzt werden. Es gibt erste Gelegenheit,
sich zu „beschnuppern", ohne auch schon zu
Inhalten Stellung beziehen zu müssen.

Es kann daher durchaus sinnvoll / erforderlich
sein, eine - mehr oder weniger ausführliche -
Vorstellungsrunde durchzuführen. Wichtig ist
hierbei, daß sie der Situation angemessen
und den Teilnehmern hilfreich ist.

☐ **Die Teilnehmer abholen, wo sie stehen.**

Zu Beginn einer Moderation ist es wichtig zu
erfahren, wie der einzelne Teilnehmer zu Thema und Zielsetzung der geplanten Arbeit
steht. Nur wenn dies offengelegt ist, kann darüber auch offen gesprochen werden (vgl.
„Blitzlicht-Technik", Seite 101 f).

Regelbildung in der Orientierungsphase

Eine zentrale Rolle für das Geschehen in Gruppen -
und damit auch für die Steuerung von Gruppenprozessen - spielen Regeln. Es ist daher klug, die Regelbildung bewußt zu gestalten und zeitig in Angriff zu
nehmen, damit sich nicht Regeln etablieren, die nicht
gewollt und wenig hilfreich sind.

Für den Moderator ist es deshalb ein Muß, die folgenden Fragen für sich zu klären:

A Was sind Regeln?

B Wie entstehen Regeln?

C Welche Regeln brauche ich?

Diesen Fragen wird im folgenden nachgegangen.

A) Was sind Regeln?

Regeln sind generelle Handlungsanweisungen, die uns das Leben leichter machen. In all den Situationen, die grundsätzlich ge-regel-t sind, brauchen wir nicht immer wieder zu überlegen, wie wir uns zu verhalten haben. Die Regel gibt es vor. Wir sind im Alltag von solchen Regel(unge)n umgeben. „Wenn du jemanden triffst, den du kennst, dann grüße ihn!" „Vor dem Verlassen des Lokales ist die Rechnung zu begleichen!" oder „Ist die Ampel rot, bleibe stehen!" sind Beispiele dafür. Auch für Gruppengespräche gibt es Regeln, wie etwa: „Zu einer Sitzung ist pünktlich zu erscheinen!" „Wenn der Leiter spricht, sei still!" oder „Wenn du etwas sagen willst, melde dich zu Wort!"

Was für Regeln **grundsätzlich** gilt, gibt folgende Übersicht wieder.

Für Regeln gilt:

☐ Regeln sind notwendig - sie geben Verhaltenssicherheit.

☐ Regeln sind generelle Handlungsanweisungen von der Art: „In der Situation vom Typ X tue Y!"

☐ Regeln gelten für eine Gruppe; sie müssen nicht auch außerhalb dieser Gruppe Gültigkeit haben: „Bei uns ...!"

☐ Die Nicht-Einhaltung von Regeln wird sanktioniert: „Wer nicht pünktlich ist ...!"

☐ Regeln entstehen „von allein", durch Tun einerseits und Dulden andererseits (Gewohnheitsrecht), aber auch durch explizite Vereinbarung.

B) Wie entstehen Regeln?

Regeln entstehen „von allein" und durch explizite Vereinbarung. Beide Arten der Regelbildung werden im folgenden erläutert.

Regeln entstehen „von allein"

Da man sich nicht **nicht** verhalten kann und *jedes* Verhalten wirkt, hat der Moderator nicht die Wahl, **ob** er wirkt oder nicht, sondern nur die, **wie** er wirkt. Er beeinflußt durch sein Verhalten das Miteinander in der Gruppe, auch wenn er keinen Ton sagt: Sein Verhalten hat Regelcharakter!

Das simpelste Beispiel für Regelbildung (in der Orientierungsphase) ist die Pünktlichkeit. Ist der Moderator pünktlich, werden sich die Gruppenmitglieder darauf einrichten, ebenso wenn er „regel-mäßig"(!) zu spät kommt.

Wußten Sie übrigens schon, daß Duldung als Zustimmung interpretiert wird?

Ein Grundsatz für den Moderator lautet deshalb:

Verhalte dich (von Anfang an) so,
wie du möchtest,
daß sich die Teilnehmer verhalten!

Wenn sich der Moderator vorbildlich verhält, ist das natürlich noch keine Garantie dafür, daß nicht trotzdem Regeln entstehen, die nicht gewollt sind. In diesem Falle muß er eine Störung anmelden, die Situation klären und gegebenenfalls eine neue Regel vereinbaren. Er kann hierzu die „Feedback-Technik" (vgl. Seite 112 f) benutzen.

Regeln entstehen durch Vereinbarung

Für jede Gruppe bestehen - wie bereits angesprochen - per se vereinbarte Regeln, nämlich die der gesellschaftlichen Normen, im Rahmen derer das Geschehen in der Gruppe abläuft. Innerhalb dieses Rahmens wird sich die Gruppe zusätzlich an den Regeln orientieren, die sie für sich vereinbart.

Für die Moderation von Gruppengesprächen ist es im allgemeinen hilfreich, schon zu Beginn der gemeinsamen Arbeit Regeln für das gemeinsame Tun zu vereinbaren. Diese sollten allerdings auf einige wenige beschränkt bleiben, um die Gruppe nicht zu überfordern.

Regeln entstehen durch Vereinbarung!

Die **Entscheidung** darüber, ob eine Regel vorab eingeführt werden sollte, ist **anhand folgender „Ge-
wissensfragen"** im Grunde ganz einfach zu treffen:

☐ Ist die Regel verzichtbar?

Die Regel „Es spricht nur einer zur gleichen
Zeit!" ist am Anfang der Veranstaltung sicher
verzichtbar. Sie unterstellt, daß sich die Teilnehmer in der Arbeitsphase mit Sicherheit ge-
genseitig ins Wort fallen werden. Ein Beweis
dafür liegt allerdings (noch) nicht vor.

Die Regel „Jeder darf hier einbringen, was er
für wichtig hält!" hingegen muß bereits am Anfang eingeführt werden. Wird diese Regel erst
nach Schritt 3 „Sammeln" eingeführt, ist sie
nahezu sinnlos, da die Inhalte bereits einge-
bracht wurden.

☐ Ist die Regel verstehbar?

Es nützt nichts, wenn der Moderator Regeln
einführen will, die von den Beteiligten nicht
verstanden (und / oder innerlich abgelehnt)
werden. Eine Regel ist nur wirksam, wenn sie
alle verstehen und über die Notwendigkeit der
Vereinbarung und Einhaltung Einigkeit besteht!

Für das Einführen von Regeln gilt **grundsätzlich**,
daß **Einigung** darüber zu erzielen ist, ob diese Regel
für die Gruppe gelten soll oder nicht. Der Moderator
muß also, nachdem er eine Regel vorgestellt und damit vorgeschlagen hat, die Gruppe fragen, ob sie bereit ist, diese Regel zu akzeptieren und sich
entsprechend zu verhalten.

Die Ausnahme davon sind Regeln, deren Einhaltung er als absolutes Muß für sein Tun voraussetzt. Dies könnte etwa die Regel sein: „Ich arbeite nur, wenn wir vollzählig sind!" Diese Regel gilt für ihn persönlich und muß nicht von der Gruppe getragen werden.

Das Einführen von Regeln kann vorab, aber auch während des Arbeitsprozesses sinnvoll / erforderlich sein. Ob der Moderator eine Regel vorab oder erst im Bedarfsfalle einführt, hängt von der Gruppe und der Zielsetzung der gemeinsamen Arbeit ab. Hierfür kann keine allgemein gültige Vorgehensweise definiert werden.

Der Moderator muß sich allerdings vorab überlegen, welche Regel(n) er in der Orientierungsphase einführen muß und welche er im weiteren Verlauf der Arbeit benötigen könnte. Der Abschnitt C gibt über praxisbewährte Regeln Auskunft.

C) Welche Regeln brauche ich?

Es gibt eine Reihe praxisbewährter Regeln, auf die der Moderator zurückgreifen kann. Die wichtigsten werden im folgenden vorgestellt.

☐ Störungen haben Vorrang!

Bei Störungen wie Vorbehalte, Ärger, Uneinigkeit, Müdigkeit oder Lustlosigkeit ist eine inhaltliche (Weiter-) Arbeit nicht sinnvoll. Störungen dieser Art müssen bearbeitet werden. Da die Gruppenmitglieder eine derartige Störung häufig gar nicht wahrnehmen - sie merken vielleicht nur, daß „irgendwas nicht stimmt" - ist es vor allem die Aufgabe des Moderators, sie zu erkennen und anzusprechen. Dies ist natürlich nicht immer leicht, da es Zeit kostet und einen Konflikt heraufbeschwört.

Daß Störungen angesprochen werden sollen, kann der Moderator aber schon vorab mit der Gruppe vereinbaren. Zum Ansprechen einer Störung im laufenden Prozeß kann er sich dann der „Feedback-Technik" bedienen oder / und die „Blitzlicht-Technik" zur Prozeßevaluierung benutzen. Diese sind im Abschnitt „Interventionstechniken" auf Seite 85 f dargestellt.

Störungen haben Vorrang!

🔲 **Jeder ist für den Erfolg (mit-)verantwortlich!**

Die Verantwortung für den Erfolg einer Gruppensitzung wird häufig an den Moderator delegiert. Es ist daher - vor allem bei ungeübten Gruppen - sinnvoll, die Rolle des Moderators als „Prozeßberater" deutlich zu machen. Auch wenn der Moderator die Doppelrolle als Moderator und Vorgesetzter, Projektleiter etc. zu spielen hat (vgl. S. 23 f), ist er nicht allein- verantwortlich für den Erfolg des Gruppengespräches; sonst hätte er ja die Gruppe nicht einzuladen brauchen!

Er muß deshalb schon in der Orientierungsphase (er)klären, daß jeder Teilnehmer zur Problembearbeitung und Lösungsfindung gebraucht wird und seinen Teil der Verantwortung zu tragen hat.

☐ **Sprich per „ich" und nicht per „man", wenn du dich meinst!**

Diese Regel will die Teilnehmer veranlassen, zu ihren Aussagen zu stehen, statt sich hinter einem anonymen „man" zu verbergen. Die Kommunikation wird dadurch echter und ehrlicher.

☐ **Sprich für dich - nicht für andere!**

Diese Regel zielt darauf ab, daß jeder ausschließlich in seinem Namen spricht und auf Interpretationen (weitestgehend) verzichtet. Es ist folglich unzulässig, davon zu sprechen, was andere gesehen, empfunden, gemeint ... haben könnten, sollten, müßten ... Jeder sollte davon sprechen, was er gesehen ... hat und / oder die anderen Gruppenmitglieder fragen, wie sie etwas verstanden, erlebt ... haben. Die Kommunikation in der Gruppe wird dadurch authentischer und klarer, der Umgang miteinander ehrlicher und leichter.

☐ **Es spricht immer nur einer zur gleichen Zeit!**

Nur das Engagement aller Gruppenmitglieder garantiert den Erfolg einer Moderation. Wenn sich dies allerdings in einem „Durcheinanderreden" äußert, das den geregelten Fortgang der gemeinsamen Arbeit behindert, ist es sinnvoll, diese Regel vorzuschlagen.

*Es sollte immer
nur einer reden!*

☐ Sprich zu den Anwesenden, nicht über sie!

Wenn sich in der Gruppe die Tendenz breit
macht, anwesende Gruppenmitglieder nicht
persönlich anzusprechen, sondern das Gespräch über den Umweg Moderator zu führen,
sollte der Moderator dies zum Anlaß nehmen,
eine entsprechende Regel vorzuschlagen.
Das Gespräch kann nur dann erfolgreich sein,
wenn die Teilnehmer auch direkt miteinander
reden.

☐ Fasse dich kurz!

Detailwissen verleitet dazu, dieses auch aus-
zubreiten. Da in einer gut vorbereiteten Moderation nur Teilnehmer sitzen, die zur Problembearbeitung gebraucht werden, also Detailwissen besitzen, ist die Gefahr groß, daß die
Wortbeiträge breit werden. Das Engagement
für die Sache kommt erschwerend hinzu.
Wenn in einem Gruppengespräch die Beiträge der einzelnen Mitglieder so lang werden,
daß der Fortgang der gemeinsamen Arbeit dadurch behindert wird, ist es angebracht, dies

zu thematisieren (vgl. „Feedback-Technik",
Seite 112 f) und das „Fasse dich kurz!" vorzuschlagen.

Die genannten Regeln sind „**Standardregeln**" mit
Beispielcharakter. Die passende Regel muß der Moderator in der jeweiligen Situation selbst (er)finden.
Notfalls wird er die Gruppe fragen, wie denn nun zu
verfahren sei und wie eine entsprechende Spielregel
formuliert sein könnte. Dies hat zweierlei Vorteile: Einerseits befaßt sich die Gruppe intensiver mit der
entsprechenden Situation und der dafür passenden
Regel, und andererseits braucht der Moderator die
Gruppe nicht für eine Regel zu gewinnen, die von ihr
selbst formuliert wurde.

Das unten dargestellte „Regel-Zeitpunkt-Portfolio"
gibt abschließend einen groben Überblick über den
richtigen Zeitpunkt zur Einführung der vorgestellten
Regeln.

Regel einführen ...	... am Anfang	... im Prozeß
Störungen haben Vorrang!	X	
Jeder ist für den Erfolg (mit-)verantwortlich!	X	
Sprich per „ich" und nicht per „man"!		X
Sprich für dich und nicht für andere!		X
Es spricht immer nur einer zur gleichen Zeit!		X
Sprich zu den Anwesenden, nicht über sie!		X
Fasse dich kurz!		X

Regel-Zeitpunkt-Portfolio

Phase 2: „Arbeiten"

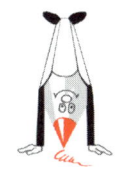

Der Moderator hat sachliche und psychologische Aufgaben

In dieser Phase geht es darum, die Inhalte zu bearbeiten, für die die Gruppensitzung einberufen wurde.

Für ein konzentriertes Arbeiten an der Sache ist es wichtig, daß vorher für die Teilnehmer ausreichend Orientierung möglich war. Ist dies nicht der Fall, wird sich die Orientierung in die Arbeitsphase hineinziehen. Der Übergang von der Orientierungs- in die Arbeitsphase wird zwar immer fließend sein, jedoch sollte das Arbeiten nicht mehr durch Orientierungsfragen und „Positionskämpfe" belastet sein. Die Teilnehmer sollten jetzt die Möglichkeit haben, ihre volle Aufmerksamkeit der inhaltlichen Arbeit zu widmen.

Natürlich wird (auch) die Arbeitsphase mit sozialen Fragen belastet sein. Der Moderator muß deshalb auch hier neben seinen Sachaufgaben, also dem Abarbeiten des Moderationszyklus (vgl. „Sachprozeß", Seite 32 f), (gruppen)psychologische Aufgaben erfüllen.

Seine Aufgaben sind vor allem:

❏ Darauf achten, den „Zeitkuchen" einigermaßen gleichmäßig zu verteilen, indem er „Vielredner" bremst und stillere Teilnehmer
einbezieht.

❏ Mitvisualisieren, um die gemeinsame Arbeit
weitestgehend zu strukturieren und zielgerichtet ablaufen zu lassen.

❏ Das jeweilige Ziel im Auge behalten, damit
sich die Gruppe nicht „verzettelt".

❏ Die Gruppe anleiten, konkrete Ergebnisse /
Maßnahmen zu formulieren, um sicherzustel-
len, daß die gemeinsame Arbeit auch „Früchte
trägt".

Die schwierigste Aufgabe in dieser Phase ist das
Meistern „schwieriger Moderationssituationen", der
Umgang mit Konflikten. Möglichkeiten, derartige Situationen zu bewältigen, sind auf den folgenden Seiten dargestellt. Den „Techniken" geht eine kurze
Darstellung der grundsätzlichen Zusammenhänge
voraus.

*Der Zeitkuchen sollte
einigermaßen gleich
verteilt werden!*

Schwierige Situationen meistern - oder: Der Umgang mit Konflikten

Konflikte treten in Gruppen natürlicherweise immer wieder auf, und sie müssen bearbeitet werden! Sie unter den Teppich zu kehren kann dazu führen, daß auf der Basis des „Als-ob" gearbeitet wird. Die Gruppenmitglieder tun beispielsweise so, als ob sie mit der Bearbeitung des Themas einverstanden wären, weil keiner den Mut hat, offen zuzugestehen, daß er aufgrund der vorausgegangenen Grundsatzentscheidung seitens der Geschäftsleitung frustriert ist und an dem Thema überhaupt nicht mitarbeiten möchte. Die Widerstände werden in der Moderation unübersehbar, aber möglicherweise bis zum Schluß unausgesprochen sein. Die unzulängliche Tragfähigkeit der auf dieser Basis erreichten Beschlüsse liegt auf der Hand.

Die Fragen, die sich für den Moderator daraus ergeben, sind:

☐ Welche Arten von Konflikten gibt es, und wodurch können diese in einem Gruppengespräch entstehen? - Die Frage nach den **Konfliktarten**.

☐ Wodurch entstehen Konflikte? - Die Frage nach möglichen **Konfliktursachen**.

☐ Woran kann ich einen Konflikt erkennen? - Die Frage nach den **Anzeichen**.

☐ Wie gehe ich mit einem Konflikt um? - Die Frage nach der **Konfliktbearbeitung**.

Diese Fragen sollen im folgenden geklärt werden.

Konfliktarten

Wenn zu einem Menschen ein zweiter kommt, ist die Wahrscheinlichkeit hoch, daß es zwischen den beiden auch mal zu unterschiedlichen Vorstellungen über dieses oder jenes, zu Meinungsverschiedenheiten, kurz zu Konflikten kommt. Der gesunde Menschenverstand sagt uns, daß dies gar nicht anders sein kann. Konflikte sind also eine ganz natürliche Erscheinung, auch in Gruppen. Dennoch fallen Konflikte nicht vom Himmel, sie entstehen und das (meist) nicht plötzlich.

Wie die Graphik unten zeigt, hat jeder Konflikt eine (mehr oder weniger lange) Geschichte - er ist zunächst verdeckt und kommt irgendwann an die Oberfläche, er bricht auf. Damit sind nun auch schon die beiden großen Konfliktarten unterschieden: **der verdeckte Konflikt** und **der offene Konflikt**.

Ein (noch) verdeckter Konflikt kann nicht direkt beobachtet werden, sondern kann nur aus beobachtbaren Anzeichen (vgl. Seite 67) erschlossen werden. Der offene Konflikt hingegen ist unschwer am „offenen Streit" erkennbar.

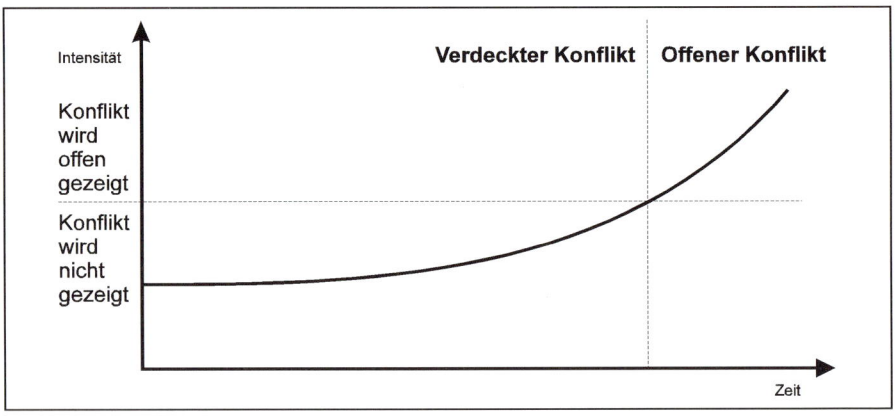

Konfliktursachen

Konflikte können schon vor der Veranstaltung entstanden sein; sie werden in den Gruppenprozeß hin-
eingetragen. Aber es gibt auch Konfliktursachen, die
erst in der aktuellen Gruppensituation entstehen.

Beispiele für typische Konfliktursachen sind:

☐ **Mißverständnisse**

Man redet aneinander vorbei.

☐ **Unterschiedliche Zielvorstellungen**

*Die Gruppe / einzelne können sich nicht
auf ein gemeinsames Ziel einigen.*

☐ **(Scheinbare) Unlösbarkeit von Aufgaben**

*Die Gruppe hat den Eindruck, daß sie die
Aufgaben / Probleme nicht lösen kann.*

*Mißverständnisse
können zu Konflikten
führen!*

☐ Persönliche Frustration

Jemand kommt nicht zu Wort, darf nicht rauchen ...

☐ Unterschiedliche persönliche Bedürfnisse

A will Pause machen, B will weitermachen.

☐ Ungünstiges Kommunikationsverhalten

Jemand kommt andauernd zu spät, beschuldigt prinzipiell andere ...

Damit ist die Liste der möglichen Konfliktursachen ganz sicher nicht erschöpft. Was auch immer im konkreten Fall Ursache eines Konfliktes sein mag, das wichtigste ist, daß der Moderator einen Konflikt frühzeitig erkennt und bearbeitet, um dadurch größeren Schaden verhindern zu können. Doch woran erkennt man einen Konflikt?

Ungünstiges Kommunikations- verhalten kann Konflikte provozieren!

Anzeichen für einen Konflikt

Während ein offener Konflikt unschwer am „offenen Streit" erkennbar ist, läßt sich ein (noch) verdeckter Konflikt, wie bereits angesprochen, nicht direkt beobachten. Er kann nur aus beobachtbaren Verhaltensweisen der Gruppenmitglieder erschlossen werden.

Solche Anzeichen, die den Moderator hellhörig werden lassen sollten, sind:

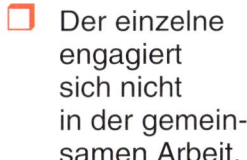

❑ Der einzelne engagiert sich nicht in der gemeinsamen Arbeit.

Bei „Spitzen" muß der Moderator hellhörig werden!

❑ Argumente werden mit großer Heftigkeit vorgetragen.

❑ Mitglieder sind ungeduldig miteinander.

❑ Gruppenmitglieder sind nicht (mehr) bereit, aufeinander einzugehen.

❑ Teilnehmer äußern Zweifel am Sinn der Gruppensitzung (wirken frustriert).

❑ Es sind subtile persönliche Angriffe gegeneinander, Spitzen erkennbar.

Empfängt der Moderator derartige „Signale", sollte er nicht zu lange zögern, den Konflikt zu bearbeiten.

Konfliktbearbeitung - Allgemeines

Für die Bearbeitung eines Konfliktes braucht der Moderator leistungsfähige Techniken. Einerseits für den verdeckten und andererseits den offenen Konflikt.

☐ Verdeckter Konflikt

Da ein verdeckter Konflikt nur aus erkennbaren Anzeichen, wie große Heftigkeit in der Argumentation, kein Engagement in der Bearbeitung etc., erschlossen werden kann, muß der erste Schritt des Moderators sein, zu überprüfen, ob er mit seiner Vermutung „richtig liegt". Hierzu kann er sich der „Blitzlicht-Technik" (vgl. Seite 101 f) bedienen. Das weitere Vorgehen hängt dann vom Ergebnis des „Blitzlichtes" ab.

Wenn sich der Konflikt „an der Oberfläche" abspielt, also mit dem Geschehen in der Gruppe zu tun hat (Gruppe hat ihrem Empfinden nach zuwenig Pausen, Vorgehen erscheint umständlich, ...), so kann dies unmittelbar besprochen und die Arbeit fortgesetzt werden.

Die Anzeichen für einen verdeckten Konflikt sollte der Moderator erkennen!

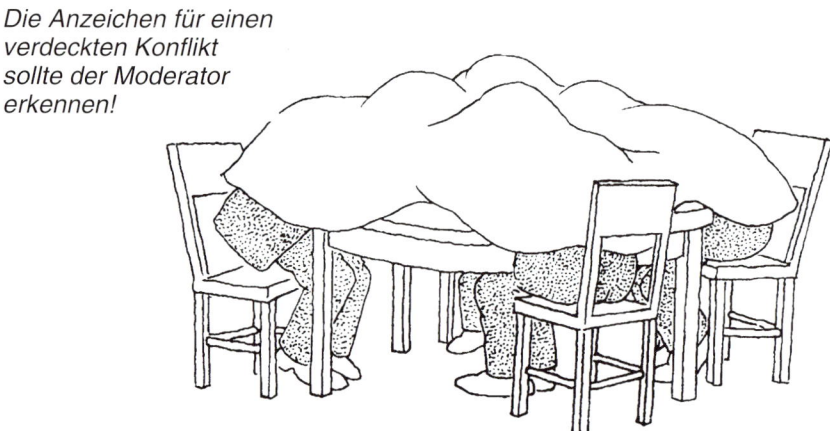

Handelt es sich um etwas, was „tiefer geht" (Grundsatzentscheidung, auf der die gemeinsame Arbeit aufbauen soll, wird in Frage gestellt, ...), so muß möglicherweise die Arbeit am vorgesehenen Thema unterbrochen oder ganz abgebrochen werden. Es wird ein „Situationsberater" dazugeholt (vgl. Seite 79) oder die Arbeit wird vertagt, bis die grundsätzlichen Dinge geklärt sind.

Notfalls ist ein „Situationsberater" hinzuzuziehen!

Zur Bearbeitung eines verdeckten Konfliktes kann man in folgenden Schritten vorgehen:

■ Blitzlicht durchführen (vgl. Seite 101 f)

■ Gruppe fragen, was sie vorschlägt:

  - *„Wie gehen wir damit um?"*
  - *„Was machen wir jetzt?"*
  - *„Wie soll es jetzt weitergehen?"*

■ Weiteres Vorgehen absprechen

■ Kontrakt darüber herstellen!

■ Weiterarbeit gemäß Gruppenbeschluß

☐ Offener Konflikt

- Ein offener Konflikt ist unmittelbar am offenen Streit erkennbar. Der Moderator muß in diesem Falle sofort, entschieden und direktiv die Auseinandersetzung unterbrechen.

  - Im zweiten Schritt muß der Moderator dafür sorgen, daß jeder der Beteiligten kurz schildern kann, was vorgefallen und aus seiner Sicht Ursache des Konfliktes ist.

    Der Moderator achtet darauf, daß jeder ausreden darf und der jeweils andere zuhört!

- Im dritten Schritt läßt der Moderator die Beteiligten das als Wunsch an den jeweils anderen formulieren, was der einzelne brauchen würde, um das Kriegsbeil wieder begraben zu können. Ziel dieses Schrittes ist es, einen Weg zu finden, wie jetzt weiterverfahren werden kann.

- Ist ein „Modus vivendi" gefunden, stellt der Moderator einen Kontrakt über den gefundenen Weg her und prüft durch Nachfragen nochmals ab, ob das Vereinbarte auch so o.k. geht, **und verfährt dann entsprechend**.

Ist der Graben so tief, daß der Konflikt im Rahmen der Sitzung nicht bearbeitet werden kann, ist es vielleicht möglich, sich darauf zu verständigen, diesen Konflikt für die Dauer der Sitzung auszuklammern. Schlimmstenfalls muß der Moderator die Sitzung abbrechen.

Konfliktbearbeitung - Beispiele

Jeder Konflikt ist eine Herausforderung für den Moderator, er muß ihn „irgendwie" bewältigen. Für eine Reihe typischer schwieriger Situationen, in die jeder Moderator früher oder später mal gerät, sind im folgenden mögliche Vorgehensweisen zur Bearbeitung skizziert.

☐ Die Gruppe ist falsch zusammengesetzt.

Moderierte Arbeit geht davon aus, daß zur Lösung von Problemen jeweils die richtigen Leute zusammenkommen, und das sind jeweils die Betroffenen (oder deren Vertreter). Stellt der Moderator fest, daß eine entscheidende Person fehlt oder (statt dessen) Leute anwesend sind, die inhaltlich „keinerlei Aktien haben", so muß er die Arbeit unterbrechen, dieses „Dilemma" zum Thema machen und mit der Gruppe nach einer Möglichkeit für eine sinnvolle (Weiter-) Arbeit suchen. Er kann hierzu die „Feedback-Technik" (vgl. Seite 112 f) nutzen.

☐ Die Gruppe akzeptiert den vom Moderator vorgeschlagenen Weg nicht.

Der Moderator ist der Berater der Gruppe, der als Methodenspezialist den Weg zur Problemlösung gestaltet. Er macht der Gruppe Vorschläge zum Vorgehen, die von dieser aber nicht immer (so ohne weiteres) akzeptiert werden.

Es kann passieren, daß die Gruppe den vorgeschlagenen Weg nicht akzeptiert!

Wenn die Gruppe den vom Moderator vorgeschlagenen Weg zur Problembearbeitung nicht akzeptiert, macht es keinen Sinn, gegen diesen Widerstand zu arbeiten. Ganz im Gegenteil, der Moderator muß **mit** der Gruppe gehen. Aber Achtung: Nicht ohne Not die eigene Methodik in Frage stellen! Allzu leichtes Nachgeben führt möglicherweise zu einer (unnötigen) Methodikdiskussion. Im vorliegenden Fall ist es allerdings unumgänglich, nach den Gründen für die Ablehnung zu fragen und dann abzuwägen, was der bessere Weg ist.

Auf jeden Fall muß der Moderator eine Konfrontation zwischen sich und der Gruppe vermeiden und gemeinsam mit der Gruppe den Weg suchen, der nun gegangen werden soll. Dies ist letztlich vielleicht doch der vom Moderator ursprünglich vorgeschlagene, es kann aber auch ein anderer Weg sein.

☐ Die Gruppe „dreht sich im Kreis".

Die für eine Problembearbeitung gewählte Vorgehensweise muß nicht zwangsläufig zum Erfolg führen. Es kann passieren, daß man „auf dem Holzweg" ist und irgendwann merkt, daß man sich „im Kreise dreht". In diesem Fall ist es das beste, getreu dem Motto „Lieber ein Ende mit Schrecken als ein Schrecken ohne Ende!" einen Schnitt zu machen und **neu** zu **starten**.

Der Moderator kann hierzu die Situation offen ansprechen: *„Ich habe den Eindruck, wir drehen uns im Kreis. Ich schlage deshalb vor, wir unterbrechen die Arbeit an dieser Stelle und versuchen nach einer kurzen Pause mal was anderes - o.k.?"*

☐ Die Gruppe gerät in Zeitnot.

Bevor eine moderierte Gruppensitzung orga-
nisiert wird, wird der Zeitbedarf dafür ge-
schätzt und die Planung darauf abgestimmt.
Trotzdem kann es passieren, daß die Gruppe
in Zeitnot gerät. Der Moderator, der ja prozeß-
begleitend das weitere Vorgehen planen muß,
sollte die Gruppe darauf aufmerksam machen,
wenn er merkt, daß die Zeit knapp wird bzw.
werden könnte. Die Gruppe kann dann (noch
in Ruhe!) überlegen, wie sie damit umgehen
will. Sie kann etwa:

- die Veranstaltung verlängern,
- Arbeitspakete an Untergruppen geben,
- eine Folgeveranstaltung vereinbaren.

Auch wenn Zeitnot entsteht, darf der Moderator den Kopf nicht verlieren!

☐ In der Gruppe gibt es persönliche Angriffe.

Kommt es in der Gruppe zu persönlichen An-
griffen in Form von unsachlichen oder emotional heftigen, ironischen oder beleidigenden
Äußerungen gegenüber anderen Gruppenmit-
gliedern oder dem Moderator, sollte der Moderator versuchen, den entsprechenden Beitrag
zu versachlichen, indem er ganz konkret wird.

Dies bedeutet, daß er nicht mit einer Zurecht-weisung oder einem Gegenangriff reagiert, sondern den Beitrag ernst nimmt und hinter-fragt, wie denn das Gesagte zu verstehen sei, was damit gemeint sei oder wo der Sprecher den Zusammenhang zum Thema sehe, was die Gruppe nun damit anfangen solle ... (vgl. „Frage-Technik", Seite 88 f). Ziel ist es, dem / den Betroffenen bewußtzumachen, daß der Moderator dieses Verhalten nicht dulden wird, und ihn / sie dadurch zum Einlenken zu bewe-gen. Reicht dies nicht aus, hat der Moderator zwei Möglichkeiten:

- In der nächsten Pause die betreffende(n) Person(en) um ein persönliches Gespräch bitten und die Situation klären. Er kann sich hierzu der „Feedback-Technik" (vgl. Seite 112 f) bedienen.

- Die sachliche Arbeit unterbrechen und mit der Gruppe Meta-Kommunikation betreiben (siehe „Blitzlicht-Technik", Seite 101 f).

Die Teilnehmer kommen und gehen.

Bei betriebsinternen Moderationen kommt es vor, daß Teilnehmer aus den verschiedensten Gründen kurz mal weg müssen. Wenn dies wiederholt vorkommt, muß der Moderator eine Störung anmelden, bevor sich eine entspre-chende Regel etabliert (vgl. Seite 53 f „Regeln entstehen durch Tun"). Er sollte die Situation mit der „Feedback-Technik" (vgl. Seite 112 f) klären.

Ein Vielredner dominiert die Gruppe.

Es kommt häufig vor, daß in einer Gruppe ein sogenannter Vielredner sitzt.

Dieser dominiert durch seine (mehr als) ausführlichen Beiträge die Gruppe und nimmt sich ein übergroßes Stück vom „Zeitkuchen".

Der Moderator muß in diesem Fall gezielt gegensteuern. Er kann hierzu zum Beispiel ...

■ die Beiträge unterbrechen und dadurch zu verkürzen versuchen, daß er sich bemüht, durch Nachfragen „auf den Punkt" zu kommen (vgl. „Fragetechnik", Seite 88 f).

■ den Kerngedanken des Beitrages mitvisualisieren (vgl. S. 119 f, „Visuelle Diskussion").

■ die Gruppe zum Gesagten Stellung nehmen lassen.

■ den einen oder anderen Beitrag erst gar nicht zulassen, indem er gezielt andere Teilnehmer, z.B. „Stille" anspricht.

... den einen oder anderen Beitrag erst gar nicht zulassen!

❑ Hierarch irritiert die Gruppe.

Moderation will Betroffene zu Beteiligten machen. Da aber bekanntlich „zu viele Köche den Brei verderben", sitzen in einer moderierten Gruppe auch nur die Personen, die für das entsprechende Gespräch erforderlich sind.

Erforderlich kann für die Zielerreichung natürlich auch „ein Hierarch", etwa der Vorgesetzte der Teilnehmer sein. Dies ist nicht per se problematisch oder falsch. Ein Problem wird es nur dann, wenn dieser „aus der Rolle fällt", sich nicht (mehr) wie ein „normaler Teilnehmer" benimmt, sondern die Gruppe dominiert oder irritiert.

Die Gefahr ist besonders dann gegeben, wenn nicht klar ist, ob der Vorgesetzte als „Teilnehmer unter Teilnehmern" oder in der Funktion des Vorgesetzten anwesend ist und agiert.

Ist dies der Fall, so muß der Moderator - etwa in der nächsten Pause - das persönliche Gespräch mit dem „Störenfried" suchen und eine Rollenklärung vornehmen. Denn: Die Erwartungen an einen Teilnehmer sind andere als die an einen Vorgesetzten!

Manchmal muß der Moderator ein „Pausengespräch" führen!

Exkurs: Die Sache mit der „Rolle"

Die Rolle, die jemand zu spielen hat, ergibt sich aus den Erwartungen an die Position, die er (momentan) innehat, und aus der Situation, in der man sich gerade befindet. Die Erwartungen an einen Vorgesetzten in der Führungssituation sind andere als die an einen Mit-Teilnehmer in einem Gruppengespräch. Irritation und / oder Ärger entstehen deshalb immer dann, wenn die Gruppe das eine Verhalten erwartet, aber das andere erlebt. Bei einem Vorgesetzten im Gruppengespräch kann das sein:

Rolle „Vorgesetzter in der Führungssituation"

Erwartungen an einen Vorgesetzten sind etwa:

☐ Gibt Ziele vor

☐ Bewertet Leistungen

☐ Trifft Entscheidungen

Rolle „Teilnehmer im Gruppengespräch"

Erwartungen an einen (Mit-) Teilnehmer in einem Gruppengespräch sind etwa:

☐ Integriert sich

☐ Versucht nicht zu dominieren

☐ Stellt Vorschläge zur Diskussion

Aus dem Gesagten ergibt sich, daß der Moderator immer dann, wenn ein außergewöhnlicher Teilnehmer dabeisein soll oder will, - möglichst vorab(!) - klären muß, in welcher Rolle dieser dabei sein kann, um trotzdem störungsfreies Arbeiten zu gewährleisten.

Für die Organisation der Teilnahme eines außergewöhnlichen Gruppenmitgliedes gibt es grundsätzlich zwei Möglichkeiten:

Er wird als Teilnehmer in der Runde - für die gesamte Sitzungsdauer - gebraucht, etwa weil er Informationen hat, die für die Gruppe unverzichtbar sind, oder weil er Entscheidungen treffen kann oder muß, die, wenn sie nicht sofort getroffen werden können, den weiteren Arbeitsfortschritt be-/verhindern.

Er wird in diesem Fall in der Rolle des Primus inter pares während der gesamten Dauer dabeisein. Seine Rolle wird vom Moderator möglichst vorab geklärt.

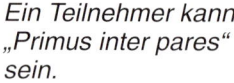

Ein Teilnehmer kann „Primus inter pares" sein.

Die Rolle wird vom Moderator vorab

■ Er wird nur punktuell gebraucht und kann zu einem vorab festgelegten Zeitpunkt oder auf Abruf dazukommen. Ein Fachspezialist könnte etwa als „Situationsberater"* für eine begrenzte Zeiteinheit dazukommen. Der Vorgesetzte könnte sich im letzten Abschnitt der Sitzung über die erreichten Ergebnisse und die getroffenen Entscheidungen informieren lassen.

Die Klärung, wie die Teilnahme konkret gestaltet werden soll, ist vom Moderator - in Abstimmung mit der Gruppe - möglichst **vorab** vorzunehmen.

Wenn sich ein „problematischer Teilnehmer" selbst zur Veranstaltung einlädt oder „in die Veranstaltung platzt", wird ihn der Moderator als normalen Teilnehmer behandeln. Wenn dies nicht klappt, wird er - wie bereits angesprochen - das persönliche Gespräch suchen und eine Klärung herbeiführen. Hierzu wird ihm die „Feedback-Technik" (vgl. Seite 112 f) gute Dienste leisten.

---

* Der „Situationsberater" ist ein Element aus der Mitarbeiter-Gruppen-Arbeit. Vgl. hierzu: Josef W. Seifert / Rolf Kraus, Mitarbeiter-Gruppen, 3. Auflage, GABAL Verlag, Offenbach 1996

Strukturen

„Entschuldigung, wissen Sie wie spät es ist?" - „22 Uhr 10" - „Danke sehr!" Dies ist ein bekanntes, alltägliches Kommunikationsmuster, eine Struktur, die immer wieder so oder ähnlich abläuft.

Weite Teile der Kommunikation mancher Lebens-, Geschäftspartner oder Gesprächsgruppen könnte man wie die Witzeerzähler ihre Witze durchnummerieren, so daß die Nennung der jeweiligen Nummer das Wiederholen der bekannten Texte ersparen würde ... Aber ernsthaft: Kommunikation hat die Tendenz Strukturen zu bilden.

Strukturen sind Kommunikationsabfolgen. Die wichtigste Struktur, die in Gruppengesprächen, in der Besprechung, im Workshop immer wieder auftaucht und auf die der Moderator ein Auge haben sollte, ist die „Angriff-Verteidigungs-Struktur": Teilnehmer A greift Teilnehmer B verbal an - B rechtfertigt sich - A greift wieder an - B verteidigt sich wieder - A greift erneut an ... das Gespräch schaukelt sich immer weiter auf.

Bemerkt der Moderator eine solche Struktur und die Betroffenen kommen selbst nicht heraus, so muß er intervenieren! Doch wie unterbricht man eine negative Kommunikationsstruktur?

Grundsätzlich gilt, die Intervention darf nicht dem Muster „mehr desselben" folgen: Kopfschmerzen - Tablette - immer noch Kopfschmerzen - Tablette - immer noch Kopfschmerzen - Tablette ..., sondern es muß - um im Bild zu bleiben - spätestens nach der zweiten Tablette **etwas anderes** passieren! Die Struktur muß unterbrochen werden!

Um die Struktur im Angriff-Verteidigung-Muster zu unterbrechen, könnte der Moderator etwa:

☐ **Eine „überraschende" Frage stellen.**

„Was würden Sie sich eigentlich zur sofortigen Problemlösung wünschen, wenn die gute Fee käme und Sie drei Wünsche zur Problemlösung frei hätten?"

.

☐ **Gezieltes Feedback geben.**

Der Moderator schildert den Teilnehmern, was er gerade erlebt, und fordert sie nach dem Motto: „Probleme lösen - nicht Schuldige suchen!" dazu auf, zu überlegen, was jetzt **weiter**helfen könnte, was man jetzt tun könnte, um zu einer Problem**lösung** zu kommen ... (vgl. „Feedback-Technik", Seite 112 f).

☐ **Eine Pause machen.**

Jede Pause ist eine Zäsur. Die momentane Situation und damit die Kommunikationsstruktur wird aufgelöst. Nach der Pause kann neu begonnen werden.

Kommunikation neigt dazu Strukturen zu bilden

Phase 3: „Abschließen"

Die letzte Gruppenphase ist das Abschließen. Die inhaltliche Arbeit ist getan. Jetzt geht es darum, einen positiven Ausklang zu finden. Ziel dieser Phase ist es, daß die Teilnehmer die Veranstaltung in positiver Stimmung und mit dem festen Vorsatz, die beschlossenen Maßnahmen in die Tat umzusetzen, verlassen. Der Moderator kann hierzu:

☐ **Dafür sorgen, daß (inhaltlich) nichts offen bleibt.**

Die inhaltliche Arbeit muß an dieser Stelle getan sein. Hat die Zeit nicht gereicht, um alle Themen befriedigend zu bearbeiten, wurde bereits geplant, wie die Gruppe damit umgehen wird (vgl. Seite 73, „Die Gruppe gerät in Zeitnot"). Sind noch Punkte offen, ist es jetzt „höchste Eisenbahn" zu vereinbaren, wie damit weiterverfahren werden soll. Der Moderator sollte keinesfalls offene Enden zulassen, da diese - auch wenn die Gruppe gut gearbeitet hat - das Gefühl vermitteln, die Arbeit nur unfertig und unvollkommen erledigt zu haben.

☐ **Rückschau halten.**

Am Ende einer Moderation ist es sinnvoll, zurückzublicken und die gemeinsame Arbeit nochmals kurz Revue passieren zu lassen. Der Moderator kann hierzu die „Blitzlicht-Technik" (Seite 101 f) verwenden. Geeignete Fragen könnten an dieser Stelle des Gruppenprozesses sein:

- Haben wir unser Ziel erreicht?
- Wie haben wir zusammengearbeitet?
- Was hat mir gut gefallen, was weniger?

*Der Moderator muß dafür sorgen,
daß nichts offen bleibt!*

☐ Einen „Blick in die Zukunft" inszenieren.

Auch der Blick nach vorne kann am Ende einer Zusammenkunft sinnvoll sein. Dies ist vor allem dann der Fall, wenn die Gruppenmitglieder sich viel vorgenommen haben. Als Methode eignet sich hierfür am besten ein „verbales Blitzlicht" (vgl. Seite 101). Passende Fragen könnten sein:

- Worauf müssen wir jetzt besonders achten?
- Was wird für mich in der Umsetzung besonders spannend werden?
- Wie wird es für mich sein, wenn wir unser Ziel erreicht haben?

☐ Den Teilnehmern danken.

Problemlösearbeit ist harte Arbeit, nicht nur für den Moderator. Der Moderator sollte die Arbeit der Gruppe deshalb ausdrücklich anerkennen!

☐ **Die Teilnehmer positiv verabschieden.**

Die Teilnehmer sollen die Veranstaltung möglichst in positiver Stimmung verlassen. Der Abschluß sollte, der Situation angemessen, so
positiv wie möglich ausfallen. Hierzu kann ein
Gläschen Sekt gehören, aber auch „nur" ein
positives Schlußwort.

☐ **Den „Schluß nach dem Schluß" nutzen.**

Auch der „Schluß nach dem Schluß" ist wichtig. Die Veranstaltung sollte getreu dem Motto:
„Der erste Eindruck ist wichtig, der letzte
bleibt!" ruhig ausklingen und nicht in Hektik
münden. Der Moderator kann hierzu etwa:

- Für ein paar (informelle) Worte im kleinen
  Kreis Zeit haben.

- Sich von jedem Teilnehmer (mit ein paar
  netten Worten) persönlich verabschieden.

*Der Moderator
sollte sich
um einen positiven
Abschluß bemühen!*

Interventionstechniken

Für das Steuern von Gruppenprozessen gibt es in der Moderation einige **zentrale Interventionstechniken**, die unabhängig von konkreten Störungen Anwendung finden. Im einzelnen sind das:

☐ Ziel-Review

Gemäß dem Motto: „Wer nicht weiß, wohin er will, braucht sich nicht zu wundern, wenn er ganz woanders ankommt!" bietet das Ziel-Review die Möglichkeit den Arbeitsprozeß (mit) der Gruppe immer wieder zum eigentlichen Zielpfad zurückzuführen.

☐ Fragetechnik

Mit der Fragetechnik kann der Moderator die einzelnen Arbeitsschritte gezielt einleiten. Darüber hinaus kann er durch gezieltes Nachfragen auftretende Unklarheiten beseitigen und hemmenden „Verbalsackgassen" und „Killerphrasen" effektiv begegnen.

☐ Blitzlicht-Technik

Diese Technik der „Meta-Kommunikation" dient dazu, Moderationssituationen besprechbar zu machen. Meta-Kommunikation meint dabei das „Kommunizieren übers Kommunizieren", also das Sprechen über die aktuelle Gesprächs- oder Moderationssituation. Diese Technik hilft bei der Gestaltung von Einstiegssituationen und (Zwischen-)Bilanzen.

☐ Feedback-Technik

Die Feedback-Technik ist eine wirkungsvolle Technik zur konstruktiven Bearbeitung von Störungen. Sie dient der Rückmeldung von Erlebnisinhalten an einen Gruppenteilnehmer oder die gesamte Gruppe.

☐ Technik der visuellen Diskussion

Die visuelle Diskussion ist eine Möglichkeit, das Geschehen in der Gruppe zu straffen. Sie hilft, breite Einzelbeiträge und Diskussionen auf den Punkt zu bringen. Darüber hinaus ist sie eine gute Hilfe zur überblicksmäßigen Strukturierung eines Themas.

Auch der Einsatz teilnehmerspezifischer Interventionsmethoden ist möglich

Das Ziel-Review

Was?

Das Ziel-Review ist das formale Überprüfen, ob man sich noch auf dem (direkten) Weg zum Ziel befindet. Es dient dazu, Exkurse zu minimieren.

Wann?

Ein Ziel-Review ist immer dann sinnvoll und hilfreich, wenn der Moderator den Eindruck hat, die Gruppe (oder einzelne daraus) begeben sich auf „Nebenkriegsschauplätze".

Wozu?

Das Abprüfen, ob man noch auf dem Weg zum Ziel ist, hilft fruchtlose Exkurse zu beenden und zum eigentlichen Thema zurüzukehren.

Wie?

Immer wenn der Moderator den Eindruck hat, daß sich ein Beitrag oder die gesamte Arbeit der Gruppe vom eigentlichen Thema wegbewegt, muß er hellwach werden und ein Ziel-Review in Erwägung ziehen. Er fragt dazu in die Gruppe: *„Entschuldigung, darf ich grad mal klären, ob wir noch auf Zielkurs sind?" „Wenn ich das richtig sehe, sind wir soeben dabei die Frage zu klären, ..." „Müssen wir dazu jetzt das Thema ... vertiefen oder eher nicht?"*

Er zwingt dadurch zum Innehalten und zur kritischen Überprüfung dessen, worüber momentan gesprochen wurde. Dies rüttelt die Teilnehmer auf und macht eine Kurskorrektur einfach(er).

Voraussetzung für diese Technik ist natürlich, daß vorab ein klares Ziel vereinbart wurde!

Die Fragetechnik

Was?

Die Fragetechnik ist in der Moderation ein zentrales Instrument, vielleicht sogar **das** zentrale Instrument zur Steuerung der Gruppenprozesse.

Wann?

Einerseits dienen Fragen dem Einstieg in jeden Arbeitsschritt, andererseits führt geschicktes Nachfragen das Gespräch weiter, wenn es Unklarheiten gibt oder wenn Konflikte entstehen und es an einer Stelle angelangt ist, an der es vermeintlich nicht mehr weitergeht.

Wozu?

Fragen und Nachfragen dienen dazu, das Gespräch zielgerichtet in Gang zu bringen und Gesprächsblockaden aufzulösen.

Wie?

Die Fragetechnik für die Moderation von Gruppengesprächen läßt sich in die zwei Hauptgruppen

- ❐ A) Visuelle Fragen und
- ❐ B) Verbale Fragen

untergliedern. Im folgenden sind diese Fragearten im Detail erläutert:

A) Fragen

Visuelle Fragen

Der Moderator sollte jeden Arbeitsschritt mit einer **visualisierten** Frage, der sogenannten „Prozeß-, Impuls- oder Einstiegsfrage", beginnen.

Die Frage dient dazu, den jeweiligen Arbeitsschritt „einzuläuten", die Konzentration der Teilnehmer in die gewünschte Richtung zu lenken und dem Gespräch Struktur zu geben.

Wenn die Frage nicht nur verbal gestellt wird, sondern auch visualisiert wurde, können die Antworten entsprechend zugeordnet werden. Sie bleiben sichtbar und können für die weitere Arbeit genutzt werden (vgl. „Der Sachprozeß", Seite 32 f). Wird eine visualisierte Fragen an die Gruppe gestellt, so sollte diese exakt so(!) auch verbal gestellt werden.

Auf den folgenden beiden Seiten sind einige „Musterfragen" für die jeweilige Arbeitsphase skizziert:

*Der Moderator muß
zwei Arten des
Fragens beherrschen!*

Phase 1: Einsteigen

☐ *Wie gut sind Sie über unser Thema schon informiert?*

☐ *Was ist Ihnen für die heutige Sitzung (ganz besonders) wichtig?*

Phase 2: Sammeln

☐ *Worüber muß heute gesprochen werden?*

☐ *Welche Themen stehen an?*

☐ *Was muß heute noch geklärt werden?*

Phase 3: Auswählen

☐ *Welche Themen sollen vorrangig bearbeitet werden?*

☐ *Was muß am dringensten bearbeitet werden?*

☐ *Womit sollten wir beginnen?*

Phase 4: Bearbeiten

Themen-, methodenabhängig, z.B.:

☐ *Was ist (immer wieder) ein Problem?*

☐ *Was könnten wir (als ersten Schritt) dagegen tun?*

Phase 5: Planen

- [ ] *Was werden wir nun
  ganz konkret tun?*

- [ ] *Wer macht was,
  mit welcher Zielsetzung
  und bis wann?*

Phase 6: Abschließen

- [ ] *Wie zufrieden sind Sie
  mit dieser Sitzung?*

- [ ] *Haben wir heute
  unser Klassenziel erreicht?*

Abschließen

☐ Verbale Fragen

Im laufenden Gruppenprozeß ist für den Moderator die zentrale Frage zur Steuerung von Gruppengesprächen die **„zurückgegebene Frage"**.

Immer dann, wenn der Moderator aus der Gruppe etwas zur Sache gefragt wird, gibt er diese Frage sofort wieder in die Gruppe zurück. Ein Beispiel:

Teilnehmer (zum Moderator gewandt): *„Wer soll diesen Punkt bei der Geschäftsleitung ansprechen?"* Moderator (zur Gruppe gewandt): *„Ja, was meinen die anderen: Wer soll diesen Punkt bei der Geschäftsleitung ansprechen?"*
Der Moderator kann nur durch diese „Technik der zurückgegebenen Frage" seine (inhaltliche) Neutralität wahren! Sobald er beginnt, inhaltliche Fragen zu beantworten, entsteht Rollenkonfusion. Er kommt in große Gefahr, zum Teilnehmer zu werden (vgl. „Die Sache mit der Rolle", Seite 77 f) und seiner Moderatorenaufgabe nicht mehr gerecht werden zu können.

Das Beantworten von inhaltlichen Fragen bringt den Moderator in Rollenkonfusion!

B) Nachfragen

Schwierige Situationen entstehen in Gruppenge-sprächen häufig durch wenig hilfreiche Aussagen, von Pauschalaussagen bis „Killerphrasen". Sie er-schweren ein (weiteres) konstruktives Miteinander oder drohen es gar unmöglich zu machen.

Die „Nachfrage-Technik" ist eine mächtige Technik, die dem Moderator hilft, derartige Kommunikations-situationen zu bewältigen, die Arbeit in der Gruppe konstruktiv und effektiv zu halten.

Dazu sollte er grundsätzlich „Gesprächssackgas-sen" und „Killerphrasen" nicht akzeptieren, sondern hinterfragen und so die Arbeit (in) der Gruppe kon-struktiv und effektiv halten.

Auf folgende „rhetorische Fallen" sollte der Modera-tor achten:

- ❏ Blockaden
- ❏ Unspezifische Begriffe
- ❏ Verallgemeinerungen
- ❏ Implizite Annahmen
- ❏ Vergleiche

Im folgenden werden die einzelnen Gesprächs-blocker kurz skizziert und deren mögliche Bewälti-gung anhand von Beispielen erläutert. Jeder Aussa-ge sind dazu mögliche Nachfragen zugeordnet:

❏ Blockaden auflösen

Blockaden sind Aussagen, wie: „Das ist un-möglich!" oder „Das kann ich nicht!" Blockaden suggerieren im Gespräch das Ende einer Sackgasse; das Gespräch könnte hier zu Ende sein.

Durch gezieltes Nachfragen können Blok-
kaden aufgelöst und das Gespräch weiterge-
führt werden.

Hier einige Beispiele:

- ■ *„Das geht nicht!"*
- ☐ *„Was genau geht Ihrer Meinung*
  nach nicht?"
- ☐ *„Unter welchen Umständen würde*
  es gehen?"
- ☐ *„Und wenn es gehen müßte,*
  was müßten wir tun?"

- ■ *„Das ist unmöglich!"*
- ☐ *„Was ist unmöglich?"*
- ☐ *„Was macht Sie so sicher?"*
- ☐ *„Unter welchen Umständen wäre*
  es möglich?"

- ■ *„Das kann ich nicht!"*
- ☐ *„Was können Sie nicht?"*
- ☐ *„Was bräuchten Sie, damit Sie es könnten?"*
- ☐ *„Was würde Ihnen helfen?"*

Durch gezieltes Nachfragen
kann der Moderator
Killerphrasen
„aushebeln"!

- ■ *„Das kann ich nicht machen!"*
- ☐ *„Was meinen Sie, können sie nicht machen?"*
- ☐ *„Was bräuchten Sie, um es zu können?"*
- ☐ *„Unter welchen Umständen könnten Sie es doch machen?"*

- ■ *„Nein, das will ich nicht!"*
- ☐ *„Was ist es genau, was Sie nicht wollen?"*
- ☐ *„Was müßte anders sein?"*
- ☐ *„Was würde die Situation so verändern, daß Sie wollen könnten?"*

☐ Unspezifische Begriffe konkretisieren

Aussagen wie „Das ist mir zu ungenau!" oder „So ist das keine vernünftige Sache!" enthalten unspezifische Begriffe. Die Fortführung des Gespräches ist nach einer derartigen Aussage erst dann sinnvoll, wenn geklärt wurde, was der jeweilige Begriff aus Sicht des Sprechers bedeutet.

Einige Beispiele:

- ■ *„Das ist mir zu ungenau!"*
- ☐ *„Was meinen Sie mit 'ungenau'?"*
- ☐ *„Inwiefern 'ungenau`?"*
- ☐ *„Was genau ist Ihnen zu ungenau?"*

- ■ *„So ist das keine vernünftige Sache!"*
- ☐ *„Was bedeutet für Sie 'so'?"*
- ☐ *„Wie würde eine 'vernünftige Sache' Ihrer Meinung nach aussehen?"*
- ☐ *„Wie wäre es eine vernünftige Sache?"*

- ■ *„Das ist extrem schlecht!"*
- ☐ *„Inwiefern 'schlecht'?"*
- ☐ *„In welcher Hinsicht ist das 'schlecht'?"*
- ☐ *„Was genau meinen Sie mit 'schlecht'?"*

- *„Diese Lösung ist nicht sauber!"*
- ☐ *„Inwiefern 'nicht sauber'?"*
- ☐ *„Was meinen Sie mit 'nicht sauber'?"*
- ☐ *„Wie wäre sie 'sauber'?"*

- *„Das ist Unsinn, das ergibt keine Qualität!"*
- ☐ *„Was genau meinen Sie mit 'Qualität'?"*
- ☐ *„In welcher Hinsicht ist dieser Vorschlag 'Unsinn'?"*
- ☐ *„Was fehlt aus Ihrer Sicht?"*

❏ Verallgemeinerungen relativieren

Verallgemeinerungen sind Aussagen wie: „Das sehen doch alle so!" oder „Das wird doch überall so gemacht!" Sie unterstellen, daß es nur **einen** Weg gibt, nämlich den vom Sprecher genannten, und nehmen so andere Ansätze aus dem Blick. Durch gezieltes Nachfragen werden Verallgemeinerungen relativiert und andere Sichtweisen möglich.

Einige Beispiele:

- *„Das sehen doch alle so!"*
- ☐ *„Alle?"*
- ☐ *„Wer ist in diesem Falle alle?"*
- ☐ *„An wen denken Sie konkret?"*

- *„Das wird doch überall so gemacht!"*
- ☐ *„Überall?"*
- ☐ *„Wo zum Beispiel wird das so gemacht?"*
- ☐ *„Wie könnte man es auch anders machen?"*

- *„Das ist immer so gelaufen!"*
- ☐ *„Immer?"*
- ☐ *„Lief es auch mal anders?"*
- ☐ *„Welche Gegenbeispiele gibt es?"*

- *„Das weiß doch jeder in der Branche!"*
- ☐ *„Jeder?"*
- ☐ *„Wirklich jeder?"*
- ☐ *„Was genau weiß jeder in der Branche?"*

- *„Das kriegen wir nie hin!"*
- ☐ *„Was konkret kriegen wir nie hin?"*
- ☐ *„Worin liegt die Schwierigkeit?"*
- ☐ *„Wie müssten die Umstände sein, daß wir es doch hinkriegen würden?*

 Implizite Annahmen überprüfen

Implizite Annahmen sind Aussagen wie: „Der will doch bloß nicht!" oder „Da macht unser Chef doch nie mit!" Aussagen dieser Art spiegeln Wissen vor, das meist gar keines ist. Es wäre unklug, auf einer derartigen „Wissensbasis" das weitere Gespräch aufzubauen. Durch gezieltes Nachfragen können die Annahmen überprüft und hilfreiche Informationen gewonnen werden.

Implizite Annahmen sollte der Moderator stets genau überprüfen

□ Beispiele:

■ *„Der will doch bloß nicht!"*
□ *„Was veranlaßt Sie zu dieser Annahme?"*
□ *„Wie kommen Sie darauf, daß er nicht will?"*
□ *„Hat er das gesagt?"*

■ *„Da macht unser Chef doch nie mit!"*
□ *„Welche Anzeichen gibt es dafür?"*
□ *„Was macht Sie so sicher, daß der Chef nicht mitmachen wird?"*
□ *„Was könnte man tun, damit der Chef auf alle Fälle mitmacht?"*

■ *„Die werden sich dafür ganz sicher nicht einsetzen!"*
□ *„Woher nehmen Sie die Sicherheit?"*
□ *„Und wenn doch?"*
□ *„Wenn das so wäre, was müssten wir tun, damit wir sie ins Boot kriegen würden?"*

*Wodurch ist denn bei Ihnen
der Eindruck entstanden,
daß ich gerne Fragen stelle?*

- ■ *„Denen geht's doch um ganz was anderes!"*
- ☐ *„Wem geht's worum, glauben Sie?"*
- ☐ *„Wodurch haben Sie Grund zu dieser Annahme?"*
- ☐ *„Was spricht für diese These?"*

- ■ *„Der mag mich einfach nicht!"*
- ☐ *„Wie kommen Sie darauf?"*
- ☐ *„Was macht Sie so sicher?"*
- ☐ *„Was hat er gesagt?"*

 **Vergleiche konkretisieren**

Vergleiche sind Scheinbelege dafür, warum etwas hier und jetzt nicht möglich ist. Durch Aussagen, wie: „Das ist doch damals auch nicht gegangen!" oder „Das geht doch bei Müller auch!" will der Sprecher die Richtigkeit seiner Aussagen belegen und andere Sichtweisen ad absurdum führen. Durch gezieltes Nachfragen werden Vergleiche auf ihre Gültigkeit überprüft und relativiert.

Einige Beispiele:

- ■ *„Das ist doch damals auch nicht gegangen!"*
- ☐ *„Was konkret war damals nicht möglich?"*
- ☐ *„Was ist heute anders?"*
- ☐ *„Was gibt Ihnen die Sicherheit, daß es diesmal auch nicht gehen wird?"*

- ■ *„Das geht doch bei Müller auch!"*
- ☐ *„Was genau geht bei Müller?"*
- ☐ *„Was macht Müller genau?"*
- ☐ *„Worin liegt der Unterschied zu Müller?"*

- ■ *„Bei denen klappt das alles besser!"*
- ☐ *„Was genau klappt bei denen besser?"*
- ☐ *„Und wo ist deren weiche Stelle?"*

- ■ „Die haben einfach bessere Leute!"
- ☐ „Inwiefern sind deren Leute besser?"
- ☐ „Worin genau sind deren Leute besser?"
- ☐ „Und was machen wir besser?"

- ■ „Gegen die haben wir keine Cahnce,
  da brauchen wir uns erst gar nicht
  anzustrengen!"
- ☐ „Worin liegen deren Haupstärken?"
- ☐ „Was genau können die besser als wir?"
- ☐ „Was können wir besser als die?"

Gezieltes Nachfragen ist ein wirkungsvolles Instrument zur Bearbeitung von Störungen. Der Moderator muß dabei aber unbedingt einen Verhör-Effekt vermeiden, um nicht beim Gesprächspartner Aggressionen aufzubauen.

Wenn er mit einem Teilnehmer „nicht weiterkommt", muß er darauf achten, das Problem nicht zu seinem Problem zu machen. Statt dessen sollte er **immer wieder die Gruppe einbeziehen** (vgl. „Zurückgegebene Frage", Seite 92)!

*Der Moderator
muß immer wieder
die Gruppe
einbeziehen!*

Die Blitzlicht-Technik

Was?

„Blitzlicht" meint eine Momentaufnahme dessen, was augenblicklich an Standpunkten, Empfindungen oder Wünschen im Raum ist. Ein Blitzlicht kann grundsätzlich auf zwei unterschiedliche Arten durchgeführt werden, und zwar als visuelles und als verbales Blitzlicht.

☐ Visuelles Blitzlicht

Der Moderator stellt der Gruppe eine an Flipchart oder Pinwand visualisierte Frage und bittet den einzelnen Teilnehmer, die Frage durch Kleben eines Punktes zu beantworten und anschließend seinen Punkt kurz zu kommentieren. Auf Seite 108 f sind einige Beispiele eines visuellen Blitzlichtes dargestellt.

☐ Verbales Blitzlicht

Üblich ist auch eine ausschließlich verbale Variante. Hier bittet der Moderator die Gruppe, zu einem speziellen Anliegen oder einer Frage eine kurze Stellungnahme abzugeben.

Bei dieser Art des Blitzlichtes wird die persönliche Stellungsnahme nicht dokumentiert. Es ist hier besonders wichtig, darauf zu achten, daß das Blitzlicht sehr „sauber" angeleitet wird und die Teilnehmer nicht beginnen, die Nennungen anderer zu kommentieren oder gar zu diskutieren (vgl. „Wie?", Seite 104 f).

Wann?

Grundsätzlich kann ein Blitzlicht zu jedem Zeitpunkt des Moderationsprozesses durchgeführt werden. Die Standardsituationen, in denen es eingesetzt wird, sind:

- ❏ **Einstieg**
- ❏ **„Zwischenbilanz"**
- ❏ **(Tages-)Abschluß**

Wozu?

Mit der Blitzlicht-Technik kann man verschiedene Effekte erzielen, wie beispielsweise:

- ❏ **Die Teilnehmer dort „abholen, wo sie stehen".**

Jeder Teilnehmer kommt mit seinem spezifischen Informationsstand und mit einer mehr oder weniger konkreten Meinung zur Sache in die Sitzung.

Der Moderator sollte die Teilnehmer abholen, wo sie stehen!

Es kann deshalb sinnvoll, ja sogar erforderlich sein, erst einmal festzustellen, wo der einzelne momentan zum Thema steht, um im folgenden darauf aufbauen zu können.

Auf diese Weise können Vorannahmen überpüft, Informationsdefizite vorab behoben, individuelle Standpunkte verstehbar und besprechbar werden.

❒ Kontakt herstellen.

Die Teilnehmer brauchen zu Beginn der Zusammenkunft Orientierung; die Gruppe muß sich strukturieren (vgl. Seite 47 f). Dies kann nur über die Kommunikation der Teilnehmer miteinander geschehen. Die Teilnehmer brauchen (deshalb) Kontakt zueinander.

❒ Standpunkte, Meinungen und Wünsche transparent und damit besprechbar machen.

Auch wenn es „knirscht im Getriebe", also der Moderator das Gefühl hat, daß es nicht so läuft, wie es laufen müßte, empfiehlt es sich, ein Blitzlicht durchzuführen, um Klarheit darüber zu bekommen, was getan werden kann oder muß, „um den Kahn wieder flott zu kriegen".

❒ Prozeßbegleitende Planung durchführen.

Eine Moderation läßt sich nicht exakt vorausplanen. Jedes Planen ist immer ein Stück weit ein „Planen des Unplanbaren", denn wer weiß schon, wie es im Prozeß sein wird? Der Moderator muß deshalb kontinuierlich parallel zur Arbeit mit der Gruppe das weitere Vorgehen planen. Dies kann er nur, wenn er weiß, wo der einzelne, wo die Gruppe momentan steht. Eine derartige Standortbestimmung ist immer dann angezeigt, wenn sich der Moderator nicht mehr so ganz sicher ist, „was momentan Sache ist".

Wie?

Ein „Blitzlicht" ist ein kurzes Statement jedes Teilnehmers zu einer vom Moderator gestellten Frage. Es wird vom Moderator ganz bewußt inszeniert. Damit es gelingt, muß es einigen Bedingungen genügen. Ein professionell durchgeführtes Blitzlicht ist ...

- ☐ gezielt,
- ☐ geleitet,
- ☐ positiv,
- ☐ situationsbezogen.

Ein Blitzlicht muß gezielt, geleitet, positiv und situationsbezogen sein!

Die folgenden Ausführungen beschreiben diese Forderungen im einzelnen.

☐ Gezielt

Es gibt viele Aspekte des Gruppengeschehens, die für den Moderator von Bedeutung sind und zu denen er von der Gruppe Informationen braucht. Deshalb ist es unbedingt erforderlich, daß er sich vor der Durchführung eines Blitzlichtes genau überlegt, was er momentan abfragen muß / will.

Die folgenden Fragen sind Beispiele für mögliche Blitzlicht-Fragen. Sie sind nach den unter „Wann?" (Seite 102) genannten Zeitpunkten gegliedert.

- **Einstieg**

  - Was verspricht sich der einzelne vom bevorstehenden Arbeitstreffen?

  - Was ist der Informationsstand des einzelnen zum Thema der Gruppen-sitzung?

- **Zwischenbilanz**

  - Wie zufrieden ist die Gruppe mit dem bisher Erreichten?

  - Wie geht es dem einzelnen in der Gruppe momentan?

- **(Tages-)Abschluß**

  - Was hat die Moderation aus Sicht des einzelnen gebracht?

  - Was sollte beim nächsten Mal wieder so, was anders gemacht werden?

Ein Blitzlicht ist als Tagesabschluß gut geeignet!

☐ Geleitet

Jeder Arbeitsschritt muß vom Moderator eingeführt und kurz erklärt werden, bevor er getan wird, so auch das Blitzlicht.

Für ein Blitzlicht gilt:

- Jeder sagt, soviel oder sowenig er mag!

- Die Aussagen des einzelnen sind Mitteilun-
gen an den Moderator und / oder die Gruppe - sie werden nicht kommentiert und nicht
diskutiert! Nur Verständnisfragen sind erlaubt.

- Die Teilnehmer verständigen sich im Prozeß über die Reihenfolge, oder der Moderator bittet darum, einfach reihum kurz zum
Gefragten Stellung zu nehmen.

☐ Positiv

Ein Blitzlicht muß so angelegt sein, daß es einen positiven Effekt hat und die Gruppe (und
der Moderator) damit nicht „den eigenen Ohr-
feigen hinterherlaufen". Ein Blitzlicht, das nur
dem Genörgel der Gruppenmitglieder dient,
führt nicht weiter. Ein Blitzlicht muß konstruktiv, in die Zukunft gerichtet, muß positiv sein!

Positiv wird ein Blitzlicht vor allem durch die
Fragestellung. Auch wenn die Moderation
„nicht gerade berauschend" war, ist es möglich, positiv zu fragen.

Eine Blitzlicht-Frage zum Abschluß einer Moderation könnte unter diesem Vorzeichen
lauten:

- „Was haben wir heute gelernt, was sollten wir uns für die Zukunft 'hinter die Ohren schreiben'?"

- „Worauf sollten wir beim nächsten Treffen besonders achten?"

☐ Situationsbezogen

Alle Aktivitäten, die in einer Moderation ablaufen, müssen situationsbezogen sein; dies gilt auch für das Blitzlicht. Die Frage, die der Moderator stellt, muß sich deshalb immer auf das Thema der gemeinsamen Arbeit und / oder die „Hier-und-jetzt-Situation" beziehen. Sie bezieht sich nicht auf Dinge, die augenblicklich für das Gruppengeschehen nicht relevant sind.

Auf den folgenden Seiten finden Sie Beispiele für Visualisierungen, die zur Durchführung eines visuellen Blitzlichtes verwandt werden können.

Was sich in der / für die konkrete/n Situation eignet, muß der Moderator in der jeweiligen Situation meist kurzfristig vor Ort entscheiden.

Ein Blitzlicht muß meist kurzfristig entworfen werden!

Was halten Sie von der Einführung des neuen Systems?

eher wenig	weiß nicht	eher viel

- Das alte System ist immer noch o.k.

- Weiß noch nichts darüber

- Kenn beide Systeme nicht

- Bringt nur Vorteile
- Weniger aufwendig
- Spart Kosten
- Leicht bedienbar
- Erhöht deutlich die Kompatibilität

Wie gut sind Sie über unser Thema schon informiert?

sehr gut

War auf der Messe

Bin in der Projektgruppe

Kenne die Idee durch Herrn Müller

Hab' gerüchteweise davon gehört

Hatte noch keine Zeit mich zu informieren

Bin ganz neu dabei

sehr wenig

Wieviel haben wir bisher schon geschafft?

Endlich haben wir konkrete Maßnahmen

Hätte nicht gedacht, daß wir so viel schaffen

Es konnten alle Themen bearbeitet werden

Mein Problem ist gelöst

Konnte mich einbringen

Wir wissen jetzt genau wie wir´s machen

Sehe jetzt klarer

Habe erreicht, was ich erreichen wollte

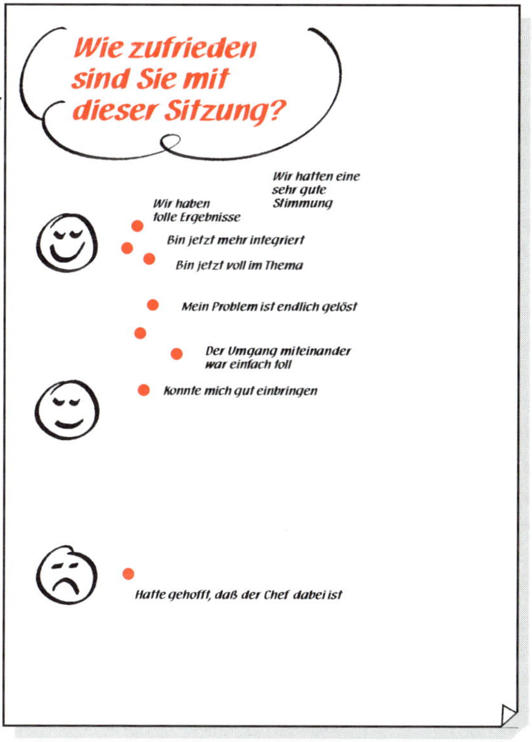

Wie zufrieden sind Sie mit dieser Sitzung?

Wir hatten eine sehr gute Stimmung

Wir haben tolle Ergebnisse

Bin jetzt mehr integriert

Bin jetzt voll im Thema

Mein Problem ist endlich gelöst

Der Umgang miteinander war einfach toll

Konnte mich gut einbringen

Hatte gehofft, daß der Chef dabei ist

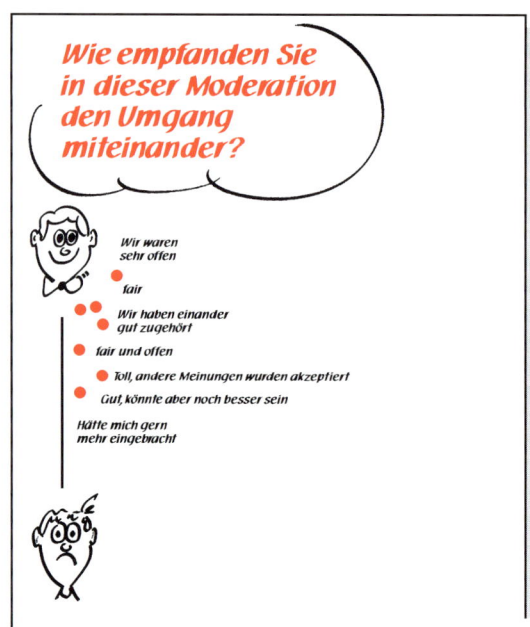

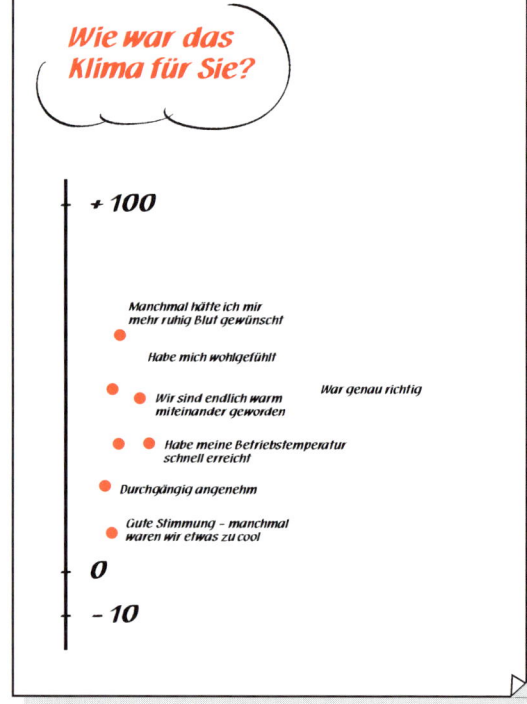

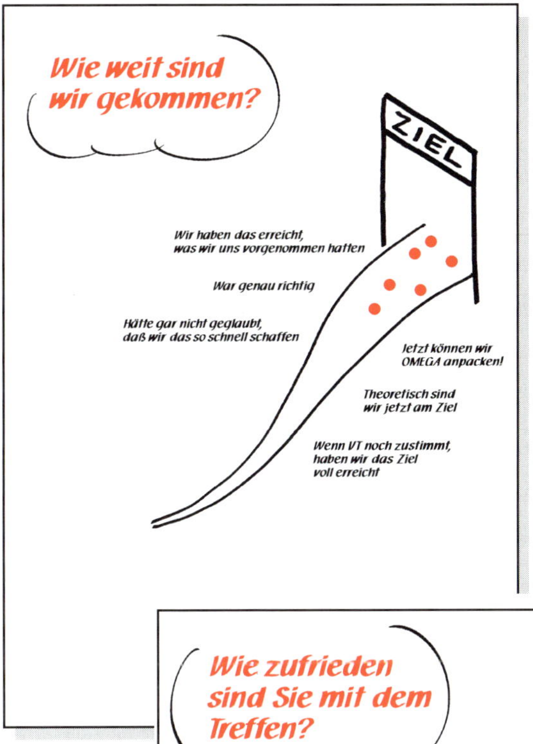

Wie weit sind wir gekommen?

ZIEL

Wir haben das erreicht, was wir uns vorgenommen hatten

War genau richtig

Hätte gar nicht geglaubt, daß wir das so schnell schaffen

Jetzt können wir OMEGA anpacken!

Theoretisch sind wir jetzt am Ziel

Wenn VT noch zustimmt, haben wir das Ziel voll erreicht

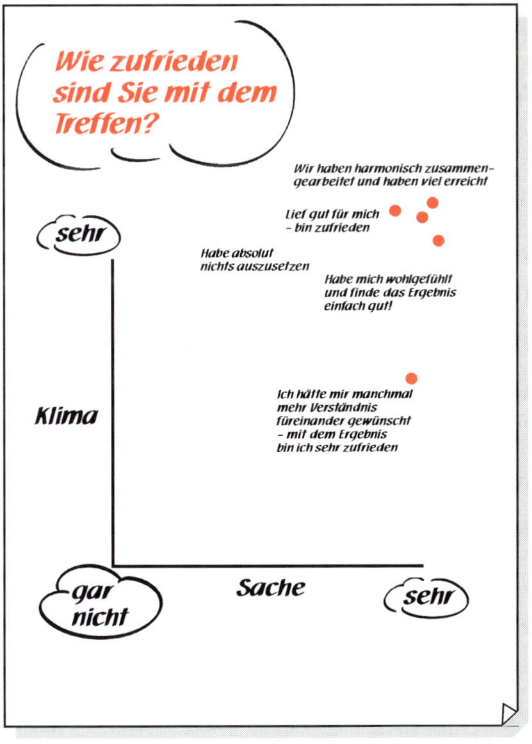

Wie zufrieden sind Sie mit dem Treffen?

Wir haben harmonisch zusammen-gearbeitet und haben viel erreicht

Lief gut für mich – bin zufrieden

Habe absolut nichts auszusetzen

Habe mich wohlgefühlt und finde das Ergebnis einfach gut!

Ich hätte mir manchmal mehr Verständnis füreinander gewünscht – mit dem Ergebnis bin ich sehr zufrieden

sehr

Klima

gar nicht

Sache

sehr

Die Feedback-Technik

Was?

Feedback bedeutet Rückmeldung. Feedback ist eine Information an einen Teilnehmer oder die gesamte Gruppe darüber, was sein / ihr momentanes Verhalten bewirkt.

Wann?

Das Verhalten eines Teilnehmers oder das der gesamten Gruppe stört die (volle) Arbeitsfähigkeit der Gruppe. Dies ist beispielsweise der Fall, wenn ein Gruppenmitglied ...

- ☐ mit einem anderen Teilnehmer tuschelt,
- ☐ wiederholt den Raum verläßt,
- ☐ anderen ins Wort fällt,
- ☐ Beiträge anderer Teilnehmer abwertet,
- ☐ nebenbei Schreibarbeiten erledigt,
- ☐ liest,
- ☐ telefoniert,
- ☐ schläft.

In derartigen Fällen ist der Moderator gehalten, die Störung anzusprechen und möglichst zu beseitigen.

Wichtig ist dabei, daß es sich um eine Störung handelt, die **die Arbeitsfähigkeit der Gruppe und / oder des Moderators beeinträchtigt**, und nicht nur um etwas, was der Moderator dem einen oder anderen „gerne mal sagen" würde, denn:

Feedback bedarf stets der Legitimation!

In der Moderation ist die Legitimation die eingetretene Störung der Arbeitsfähigkeit. Sie gibt dem Moderator das Recht, Rückmeldung zu geben. Eine persönliche Rückmeldung darüber, wie das Verhalten des einen oder anderen Teilnehmers auf ihn wirkt, muß ansonsten vom Empfänger explizit erbeten sein. Eine moderierte Gruppe ist keine Selbsterfahrungsgruppe!

Wozu?

Feedback hat - wie bereits angesprochen - zum Ziel, störendes Verhalten bewußtzumachen und zu beseitigen oder zumindest zu mildern.

Wie?

Feedback ist eine massive Intervention. Der Moderator sollte deshalb grundsätzlich stufenweise vorgehen!

☐ **Erste Stufe: Übersehen / Überhören**

Der Moderator kann durch Blicke und Gesten zur Mitarbeit einladen!

Es ist nicht sinnvoll, auf störendes Verhalten sofort zu reagieren. Vielleicht ist es im nächsten Augenblick schon wieder vorbei und es ist gar nicht nötig, es zum Thema zu machen.

☐ **Zweite Stufe: Durch Blicke und / oder Gesten ermahnen und zur konstruktiven Mitarbeit einladen.**

Wenn störendes Verhalten andauert, muß der Moderator dagegen vorgehen. Ein fragender, ernster oder gar „strafender Blick" kann durchaus ausreichen, um die Störung bewußt-

zumachen und den Störer zu veranlassen, das störende Verhalten abzustellen.

☐ Dritte Stufe: Gezielt Rückmeldung geben

Wenn alles nichts hilft, ist der Moderator gezwungen, die Sache „auf die Hörner zu nehmen" und das störende Verhalten „offiziell" zu machen.

Er wird hierzu:

■ Eine Störung anmelden: *„Ich habe ein Problem!"*

■ Sagen, was (ihn) momentan konkret stört oder behindert: *„Herr Meier, Sie sind seit zehn Minuten am Schreiben."*

■ Sagen, was dadurch bei ihm oder in der Gruppe (von der Sache her und / oder emotional) entsteht: *„Ihre Nebentätigkeit lenkt mich ab, und Sie fallen mit Ihrem Know-how für die Gruppe aus."*

■ Eine Bitte, einen Wunsch äußern oder ein Angebot machen: *„Bitte, stellen Sie diese Aktivitäten zurück, und machen Sie wieder mit!"*

■ Vereinbaren, wie es nun weitergeht: *„Ist das für Sie möglich - ja?"*

■ Für das (Ein-)Verständnis danken: *„Danke!"*

Zeigt der entsprechende Teilnehmer kein Einsehen, ist gemeinsam zu beratschlagen, wie die Störung behoben werden kann, und entsprechend zu verfahren. Gegebenenfalls hilft eine kurze Pause, der Teilnehmer klinkt sich aus oder es wird (in besonders kras-

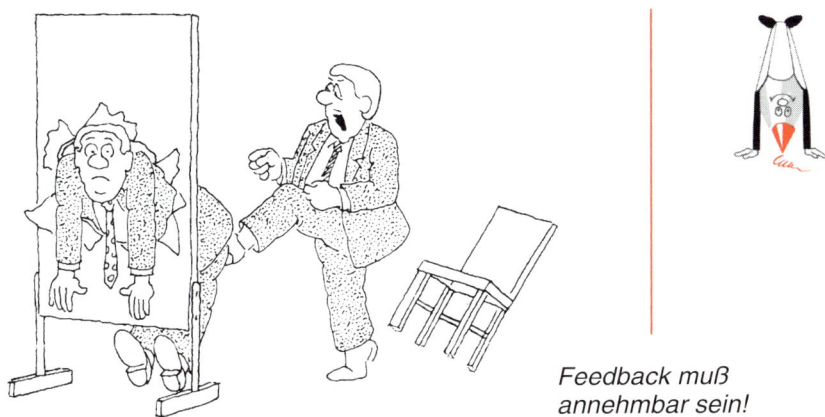

*Feedback muß
annehmbar sein!*

sen Fällen) die weitere Arbeit vertagt und die Veranstaltung abgebrochen.

Ob ein Teilnehmer ein Einsehen hat, ist häufig auch vom Geschick des Moderators und dessen Fähigkeit, Rückmeldung zu geben, abhängig.

Beim Geben von Feedback oder Rückmeldung ist es wichtig, daß diese annehmbar ist. Nur wenn die Rückmeldung annehmbar ist, kann das anvisierte Ziel erreicht werden: Die Beseitigung der Störung.

Wenn Rückmeldung folgenden Kriterien genügt, ist die Chance groß, daß sie angenommen wird:

☐ Ich-Botschaften

Rückmeldung ist höchst subjektiv. Deshalb ist es notwendig, stets von seinem subjektiven Eindruck zu sprechen und ICH-Botschaften zu formulieren (vgl. „Die Sache mit den zwei Ebenen" - Seite 17 f). ICH-Botschaften sind Selbstmitteilungen (der Sender spricht ja von sich) und sind weniger bedrohlich. Sie provozieren daher weniger Abwehr beim Empfänger. DU-Botschaften klingen dagegen eher anklagend und maßregelnd.

Der Moderator sollte sie unbedingt vermeiden. Ein einfaches Beispiel ist die Aussage: „Ich kann dir nicht folgen!" statt „Du redest wirres Zeug!"

❏ Zeitliche Nähe

Rückmeldung muß stets zeitlich nah sein, damit der Empfänger weiß, worum es geht, und die Störung „sofort" behoben werden kann. Zeitliche Nähe ist auch dann noch gegeben, wenn sich der Moderator entscheidet, das störende Verhalten erst in der nächsten Pause - unter vier Augen - anzusprechen.

❏ Auf Verhalten bezogen

Rückmeldung ist keine Bewertung einer Person! Rückmeldung zielt auf **Verhalten** ab. In unserem Falle auf störendes Verhalten. Die pauschale Bewertung einer Person ist unbedingt zu vermeiden. Sie ist weder legitim noch kann sie zutreffend sein.

Feedback muß in zeitlicher Nähe erfolgen!

❏ Konkret

Rückmeldung darf nicht jemanden als Person beschreiben, sondern muß sich stets an konkretem Verhalten „festmachen" lassen. Nur so kann der Empfänger etwas damit anfangen. Ein Beispiel: „Mir hat gut gefallen, wie Du heute mittag am Tisch ..." statt: „Du warst heute gut!"

Exkurs: Das Pausengespräch

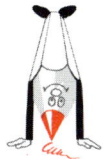

Wie schon mehrfach erwähnt läßt sich so manche schwierige Moderationssituation durch eine kurze Pause meistern. Häufig reicht dabei schon die Zäsur an sich. Aber eine Pause ist auch die ideale Gelegenheit, sozusagen „inoffiziell" mit einem Teilnehmer etwas zu besprechen, was in der Runde nicht (so deutlich) angesprochen werden kann.

Die Vorteile, die ein Pausengespräch bringt sind im wesentlichen folgende:

☐ **Man ist ungestört.**

Das Gespräch hat kein Publikum, niemand „kriegt etwas mit". Das Gespräch muß nicht „schnell über die Bühne" gebracht werden, um weiterarbeiten zu können, sondern man hat die ganze Pause dafür Zeit.

☐ **Ein Pausengespräch hat den Charakter eines inoffiziellen Gespräches.**

Da das Gespräch bei einer Tasse Kaffee am Rande der Veranstaltung stattfindet, hat es mit der eigentlichen Gruppensitzung „nur am Rande" zu tun. Es ist vielmehr eine „private" Sache zwischen dem Moderator und seinem Gesprächspartner.

☐ **Es besteht kein Erfolgszwang.**

Macht der Moderator im Rahmen der Gruppensitzung eine Störung zum Thema, so ist er „dazu verdammt", das Thema erfolgreich abzuhandeln. Im Pausengespräch dagegen besteht keinerlei Erfolgsdruck.

Er kann zum Beispiel austesten, ...

... ob beim Gesprächspartner überhaupt
   Problembewußtsein vorhanden ist.
... inwieweit dieser zur Kooperation
   bereit ist.
... ob das Thema X hier und jetzt
   angesprochen / vertieft werden kann.
... ob der aufgeflackerte Konflikt aus-
   geklammert werden kann.

Ein Pausengespräch zu führen ist nicht ganz einfach,
zumindest dann nicht, wenn es etwas „Heikles" anzusprechen gilt. Die Gesprächstechnik die auch hier
gute Dienste leistet, ist die Feedback-Technik. Der
Moderator bittet den (vielleicht auch die) Teilnehmer
zu sich: *„Haben Sie einen Moment Zeit für mich?"*
und bringt dann sein Anliegen vor: *„Ich habe ein
Problem, bei dessen Lösung (nur) Sie mir helfen können, und zwar ist die Sache die, daß ..."* oder *„Ich
habe eine Frage: Ich weiß nicht, wie sehen Sie das ..."*

*Manche Dinge
lassen sich im
Pausengespräch
besser klären*

Die Technik der visuellen Diskussion

Was?

Als „visuelle Diskussion" oder „visuelle Rhetorik" bezeichnet man in der Moderation das Gespräch per Visualisierung. Bei dieser Art des Arbeitens zwingt der Moderator die Gruppe dazu, sich noch mehr als sonst auf die Visualisierung zu beziehen. Jeder geäußerte Gedanke wird sofort an Pinwand oder Flipchart visualisiert oder - wenn er nicht unmittelbar zum Thema gehört - verworfen. Jeder Beitrag muß ins gemeinsam entworfene „Bild" passen.

Wann?

„Visuelles Diskutieren" ist eine Technik, die Arbeit zu straffen. Sie ist immer dann angezeigt, ...

-  wenn eine allgemein breite Diskussion gestrafft werden soll,

- ☐ wenn ein „notorischer Vielredner" gebremst werden muß,

- ☐ wenn es darauf ankommt, „auf Tempo zu machen".

Visuelles Diskutieren zwingt die Teilnehmer zur Konzentration auf das Wesentliche. Sie knebelt dadurch das Gespräch und somit den emotionalen Kontakt untereinander. Der Moderator sollte diese Arbeitstechnik deshalb nur sparsam einsetzen. Ihren Einsatz sollte er begründen:

„Es wurden jetzt schon viele Gedanken zu diesem Punkt geäußert. Ich schlage vor, wir verschaffen uns mal einen Überblick dazu. Ich schlage vor, wir gehen dabei so vor, daß ..."

Wozu?

Im Moderationsablauf gibt es im allgemeinen Phasen, in denen sich die Gruppe von der Visualisierung löst und frei diskutiert. Der Moderator hat dafür zu sorgen, daß diese Exkurse nicht zu breit und nicht zu lang werden und das Gespräch effektiv bleibt.

Im Rahmen der visuellen Diskussion wird er sein ganzes Augenmerk darauf legen, das Gespräch so straff wie möglich zu führen, um Exkurse und gedankliches Springen in engen Grenzen zu halten.

Durch diese Technik kann der Moderator die Arbeit (extrem) straffen.

Wie?

Der Moderator visualisiert **alle** Beiträge auf dem Flipchart oder der Pinwand mit. Er benutzt hierzu das Netzbild.

Das Netzbild ist eine Visualisierungsmethode, die nach der Baumstruktur aufgebaut ist. Verwandte davon sind die „Explosionszeichnung" und das „Mind Map".

Der Ausgangspunkt der Darstellung ist die Mitte, dort steht das Thema. Danach werden alle Nennungen von diesem Zentrum ausgehend mitvisualisiert. Der Moderator muß dabei jede Nennung **sofort** auf ihren Bezug zum momentan diskutierten Thema / Aspekt prüfen.

Dies kann er mit Fragen, wie:

- [ ] „Wo gehört das hin?"
- [ ] „Wo soll ich das dazuschreiben?"
- [ ] „Wie soll ich diesen Gedanken formulieren?"
- [ ] „Ich kann das jetzt nicht zuordnen - gehört das dazu, oder ist das ein anderes Thema?"
- [ ] „Können wir dieses Thema separat behandeln?"

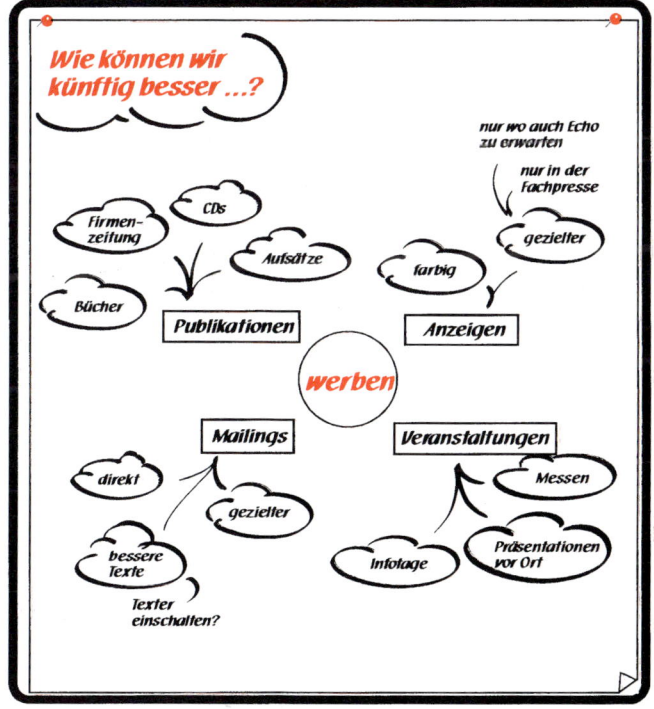

Netzbild

Übrigens ...

... um Menschen zu beeinflussen, braucht man Techniken, diese sollten aber niemals manipulativ sein!

Nachdem sie die Karten gelegt hatte, betrachtete die Zigeunerin lange die Handlinien ihres Kunden: „In Ihrem Garten liegt ein Schatz", sagte sie schließlich. Graben Sie in der nächsten Neumondnacht zwischen null und ein Uhr, aber hüten Sie sich, an ein Nilpferd zu denken!"

Der Mann tut, wie ihm geheißen. Kurz nach halb eins wirft er die Schaufel fort: „Verflucht! Mein Lebtag habe ich an kein Nilpferd gedacht, aber jetzt!" *

Viel Mut und Geschick zur Steuerung Ihrer Gruppen wünscht Ihnen Ihr

Josef W. Seifert

* aus: Marco Aldinger, Bewußtseinserheiterung,
Verlag Marco Aldinger, Freiburg 1989

Literatur

Klaus Antons
Praxis der Gruppendynamik
7. Auflage
Verlag Dr. C. J. Hogrefe
Göttingen - Toronto - Zürich 1998

Ruth Cohn
Von der Psychoanalyse zur themenzentrierten
Interaktion
13. Auflage
Klett-Cotta
Stuttgart 1997

Eckard König / Gerda Volmer
Systemische Organisationsberatung
6. Auflage
Deutscher Studien Verlag
Weinheim 1999

Josef W. Seifert
Besprechungs-Moderation
4. Auflage
GABAL Verlag
Offenbach 1998

Josef W. Seifert / Rolf Kraus
Mitarbeiter-Gruppen
3. Auflage
GABAL Verlag
Offenbach 1996

Josef W. Seifert
Visualisieren - Präsentieren - Moderieren
12. Auflage
GABAL Verlag
Offenbach 1998

Thies Stahl
Neurolinguistisches Programmieren (NLP)
5. Auflage
PAL Verlagsgesellschaft Mannheim
Mannheim 1996

Inghard Langer / Friedemann Schulz von Thun /
Reinhard Tausch
Sich verständlich ausdrücken
6. Auflage
Ernst Reinhardt Verlag
München 1999

Barbara Langmaack / Michael Braune-Krickau
Wie die Gruppe laufen lernt
5. Auflage
Psychologie Verlags Union
München 1995

Dieses Verzeichnis erhebt keinen Anspruch auf
Vollständigkeit. Einige der genannten Bücher gaben
konkrete Anregungen für das vorliegende Buch.
Andere sind als weiterführende Literatur gedacht.

Viel Spaß bei der Lektüre!

Verzeichnis der Abbildungen

Betrachten
der Abbildungen
auf eigene Gefahr!

Stichwort-
verzeichnis

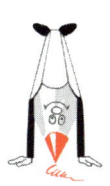

Josef W. Seifert

... *bei*

✓ Visualisieren - Präsentieren - Moderieren

Das Wesentliche zu den eng miteinander verknüpften Bereichen Visualisieren, Präsentieren und Moderieren in drei, in sich geschlossenen Kapiteln. Dieses Buch ist zwischenzeitlich in mehrere Sprachen übersetzt, und - mit weit über 100.000 Exemplaren - zu einem Standardwerk geworden.

... jetzt auch in englischer Sprache!

✓ Moderation & Kommunikation

Griffige Methoden für den „feinstofflichen" Bereich des Moderierens. Kommunikation, Gruppendynamik, Konfliktmanagement ... theoretisch fundiert und sehr praxisbezogen.

✓ Besprechungs-Moderation

Die Umsetzung der klassischen Moderationstechnik in die Besprechungssituation am „runden Tisch". 10 hilfreiche Kapitel für Besprechungsleiter und Teilnehmer.

✓ Mitarbeiter-Gruppen

Die „Gebrauchsanleitung" zur Einführung und Betreuung von Problemlöse-Teams nach dem Qualitätszirkel- oder Kaizen- / KVP-Prinzip.

✓ Games

Eine Sammlung von „10-Minuten-Games" für Moderatoren und Gruppenleiter. Spiele und Übungen zur Auflockerung der Gruppe beim Einstieg, zwischendurch und zum Abschluß. Unkompliziert, hilfreich, erfolgreich.

Kontaktadresse:

Josef W. Seifert
Langenbrucker Str. 4
85309 Pörnbach-Puch
Tel.: 0 84 46 / 9 20 30
Fax: 0 84 46 / 9 20 333
e-mail: josef.seifert@moderatio.de

 **Business-Bücher für Erfolg und Karriere**

Arbeitstechniken	Management

CD ROM

KARRIERE TRAINER

MULTIMEDIAL

◀ Seminare erfolgreich gestalten

Das Programm ist eine Fundgrube moderner Trainingsmethoden. Sie erfahren, wie Sie eine Lerneinheit didaktisch sinnvoll aufbauen und welcher Methoden und Medien Sie sich zur erfolgreichen Wissensvermittlung bedienen können. Jedes Element wird multimedial erklärt und kann anschließend in praktischen Übungen trainiert werden.
Für Trainer, Dozenten, Moderatoren, Gruppenleiter.

Bearbeitungsdauer: 1-2 Stunden
Preis: DM/sFR 39,80; öS 291,-
ISBN: 3-930799-70-7

KARRIERESEMINARE

MULTIMEDIAL

◀ Sicher und erfolgreich präsentieren
Mehr Sicherheit in Kommunikation und Medieneinsatz

Mit diesem Programm trainieren Sie Ihre kommunikativen Fähigkeiten und den professionellen Einsatz von Präsentationsmedien.

Bearbeitungsdauer: ca. 5 Stunden
Preis: DM/sFR 98,-; öS 699,-
ISBN: 3-930799-71-5

◀ Erfolgreich führen
Führungsqualitäten gezielt trainieren

Das Geheimnis erfolgreicher Führungskräfte besteht darin, daß sie ihre Mitarbeiter gezielt einsetzen und immer wieder motivieren können.

Bearbeitungsdauer: ca. 5 Stunden
Preis: DM/sFR 98,-; öS 699,-
ISBN: 3-930799-72-3